Dados Internacionais de Catalogação na Publicação (CIP)
(Câmara Brasileira do Livro, SP, Brasil)

Grün, Anselm
　　A felicidade das pequenas coisas / Anselm Grün ; tradução de Luiz de Lucca. – Petrópolis, RJ : Vozes, 2019.

　　Título original: Vom Glück der kleinen Dinge

　　7ª reimpressão, 2025.

　　ISBN 978-85-326-6153-1

　　1. Bem-estar 2. Conduta de vida 3. Felicidade 4. Paz 5. Satisfação 6. Vida cristã I. Título.

19-26184 　　　　　　　　　　　　　　　　　　CDD-248.4

Índices para catálogo sistemático:
1. Felicidade : Vida cristã : Cristianismo　　248.4

Cibele Maria Dias – Bibliotecária – CRB-8/9427

ANSELM GRÜN

A Felicidade das pequenas Coisas

Tradução de Luiz de Lucca

EDITORA VOZES

Petrópolis

© 2018 by Vier-Türme GmbH, Verlag, Münsterschwarzach, Alemanha

Tradução do original em alemão intitulado
Vom Glück der kleinen Dinge

Direitos de publicação em língua portuguesa – Brasil:
2019, Editora Vozes Ltda.
Rua Frei Luís, 100
25689-900 Petrópolis, RJ
www.vozes.com.br
Brasil

Todos os direitos reservados. Nenhuma parte desta obra poderá ser reproduzida ou transmitida por qualquer forma e/ou quaisquer meios (eletrônico ou mecânico, incluindo fotocópia e gravação) ou arquivada em qualquer sistema ou banco de dados sem permissão escrita da editora.

CONSELHO EDITORIAL

Diretor
Volney J. Berkenbrock

Editores
Aline dos Santos Carneiro
Edrian Josué Pasini
Marilac Loraine Oleniki
Welder Lancieri Marchini

Conselheiros
Elói Dionísio Piva
Francisco Morás
Teobaldo Heidemann
Thiago Alexandre Hayakawa

Secretário executivo
Leonardo A.R.T. dos Santos

PRODUÇÃO EDITORIAL

Anna Catharina Miranda
Eric Parrot
Jailson Scota
Marcelo Telles
Mirela de Oliveira
Natália França
Priscilla A.F. Alves
Rafael de Oliveira
Samuel Rezende
Verônica M. Guedes

Editoração: Leonardo A.R.T. dos Santos
Diagramação: Sheilandre Desenv. Gráfico
Revisão gráfica: Leonardo Porto Passos
Capa: Rafael Nicolaevsky

ISBN 978-85-326-6153-1 (Brasil)
ISBN I978-3-7365-0133-1 (Alemanha)

Este livro foi composto e impresso pela Editora Vozes Ltda.

Sumário

Introdução, 7

1 A paz interior como estado de satisfação, 11

2 Contentamento como gratidão, contentamento e simplicidade, 17

3 Satisfação e direitos, 28

4 Satisfação e verdadeira calma, 39

5 A pessoa satisfeita, 45

6 Satisfação com a vida, 51

7 Caminhos da satisfação, 55

   O caminho da *Stoá*, 55

   Meios psicológicos, 60

   Caminhos espirituais, 64

8 Satisfação com Deus, 71

9 Satisfação verdadeira, 77

Referências, 79

Introdução

Muitas vezes perguntamos aos outros: "Como você está?" Ou: "Como vai a saúde?" Ou: "Como vai a família, os filhos, a empresa?" Alguns respondem: "Tranquilo". Mas nisso pode estar implícito: "mais ou menos". Não posso dizer "tudo bem", mas a situação não está má. Sinto-me em paz com a vida. Tenho saúde. Posso não ser tão feliz como gostaria, mas estou de bem com as circunstâncias. Estou de bem com a vida e tenho saúde.

Gostamos de ouvir alguém dizer que está satisfeito. Não é preciso dar detalhes, nem contar vantagem, basta dizer que está satisfeito. É como Robert Lewandowski, depois de um jogo contra o Wolfsburg em que ele marcou cinco gols em meia hora.

Mas há também um tipo de satisfação que desagrada. É quando alguém está satisfeito com sua casa e seu trabalho, mas não se interessa por mais nada. É indiferente aos problemas do mundo, não é assunto seu. É aquela satisfação de ficar fora do mundo, restrito à sua vida pequeno-burguesa. Já que tem o que precisa e deseja, já que pode comprar tudo o que quiser, então tudo bem.

Neste livro desejo ponderar sobre esses dois tipos de satisfação: o bem-estar perante a vida e aquela satisfação restrita de quem se concentra em si mesmo.

Desejo observar como diferentes atitudes e condições podem nos levar à satisfação. Ficará claro que a satisfação está intimamente associada a outros fatores, particularmente à felicidade. Somos felizes se somos satisfeitos, se estamos em harmonia com nós mesmos e com nossas vidas. Outra atitude é o contentamento. Aquele que é frugal está de bem com a vida, não tem necessidades adicionais. Contentamento é também simplicidade. O frugal se contenta com uma vida simples, e a satisfação tem forma de gratidão. Quem é grato por aquilo que Deus lhe deu, grato pelo que tem hoje, está de bem com a vida.

Certa vez procurei numa biblioteca um livro sobre contentamento, e só encontrei um em cujo título havia a palavra "contentamento": *Ein Büchlein von der Zufriedenheit* [Um pequeno livro sobre contentamento], escrito em 1925 pelo frade capuchinho Heinrich Godefried. Sua linguagem pareceria estranha hoje. Menciona três formas de contentamento: com Deus, com o próximo e consigo mesmo. Certamente uma boa maneira de pensar sobre contentamento, mas quero abordar o assunto de outro modo. Eu gostaria de observar diversos tipos de contentamento.

Observando mais amplamente o assunto, encontrei diversos livros sobre simplicidade, um tema certamente associado ao contentamento: simplesmente viver, estar satisfeito com o que se tem, deixar de lutar por mais, é certamente um bom caminho para a felicidade, que encontramos nas pequenas coisas.

Na história da cultura ocidental, sempre houve movimentos voltados à simplicidade. Rousseau é um dos maiores representantes da chamada vida simples.

Mas Platão já descrevia a vida dos guardas da cidade como simples: os guardas não exploram a cidade, apenas vigiam. Muitas vezes ouvimos falar de povos ainda não influenciados pela cultura ocidental que são mais felizes que as pessoas dos países europeus.

A palavra alemã *"Zufriedenheit"* ["satisfação"] significa, na verdade, um movimento. Pois o prefixo *"Zu"* ["para"] significa um movimento intencional em direção a um objetivo. Satisfação [*"Zu-friedenheit"*] significa: para a paz, ir para a paz. A paz não é uma coisa que se *possua*. Pelo contrário, alcançar a paz é uma tarefa constante de busca pela satisfação em meio à insatisfação. Mas o prefixo *"Zu"* ["para"] também pode significar uma estado de descanso. É quando dizemos que alguém está "em casa". Satisfação também pode ser um estado de paz e calma interior. Essa polaridade entre o estado de paz interior e a busca ativa da paz também se expressa como "satisfação" ou "contentamento". Deixamos alguém em paz interior, deixamos alguém em paz. No entanto, quando satisfazemos alguém, criamos ativamente um estado no qual a pessoa pode ficar satisfeita. Assim, quero descrever o estado e a atitude de satisfação e seu efeito sobre nós, mas também as maneiras pelas quais podemos alcançar a satisfação.

1
A paz interior como estado de satisfação

೧೧

A palavra *"Zufriedenheit"* ["satisfação"] tem raiz na palavra "paz". A palavra alemã *"Friede"* ["paz"] deriva da palavra *"Frei"* ["livre"] e vem da raiz linguística indo-europeia *"Prai"*, que significa "proteger, poupar, gostar, amar". Livre é aquele que é poupado, o amigo, aquele de quem se gosta, a quem se ama. Paz significa, então, o abrigo no qual as pessoas livres se tratam como amigas e se encontram com benevolência. A paz [*Friede*], como se diz em alemão, não existe sem amor [*Liebe*]. Somente quando nos amamos, podemos viver em paz.

Isso se aplica à paz interior. Estamos em paz com nós mesmos quando nos poupamos uns aos outros, em vez de ficarmos nos avaliando e julgando o tempo todo. E nos acalmamos quando nos tratamos de maneira amistosa e benevolente e quando nos sentimos livres. Enquanto formos dominados por nossas necessidades, enquanto estivermos zangados com nós mesmos e com nossas fraquezas, não poderemos encontrar paz interior. Paz [*Friede*] significa – se levarmos o significado alemão a sério – que nada perturba o espaço protegido de nossa alma e corpo. O que está lá, bom ou mal, lá fica, mas não nos controla. Tudo o que permitimos ficar onde está nos deixa livres. Não estamos sob nenhuma pressão que nos force a uma postura específica. Observamos tranquilamente o que está em nós, e em vez de nos classificarmos ou julgarmos uns aos outros, poupamos a nós mesmos.

"Paz interior" e "paz de Espírito" são basicamente a mesma coisa. "Paz de espírito" é uma expressão religiosa que significa exatamente "encontro da paz interior", significa o estado de harmonia com nossa alma, a lida tranquila com as emoções. Não há restrições, não lutamos contra nada, tudo permanece abrigado em nossa área interior de paz. Para os teutões, paz e liberdade só são possíveis numa área protegida e "pacificada".

Os místicos cristãos adotaram essa ideia. Sua visão é que, no fundo da alma, há uma área protegida e pacificada. Tudo pode estar lá, lá somos livres de todas as emoções, de tudo que desperta em nossa alma, pois, neste espaço interior de liberdade, Deus governa.

Portanto, estamos livres da autoridade das nossas paixões e necessidades e das expectativas dos outros. A palavra grega para paz, *"eirene"*, vem de outro tema, ou seja, a música, que significa harmonia, a mistura combinada de sons diferentes. Outra bela imagem da paz interior é deixarmos conviver os sons fortes com os suaves, alto com baixo, dissonante com consonante, entrando em harmonia com nós mesmos e, assim, chegando também a um acordo com as outras pessoas. Se deixarmos que os muitos sons dentro de nós coincidam, estamos contentes com nós mesmos, com nosso som interior. Não é preciso um som perfeito, mas um que permita que tudo ressoe dentro de nós em uníssono. O termo *"eireno"*, em grego, significa ainda mais: é o nome de uma das três horas – deusas incumbidas de moldar nosso tempo e destino. Por trás disso está a imagem de que a paz em nós também requer ajuda divina. Devemos confiar que Deus equilibra tudo o que está em nós, que muitas vezes não conseguimos equilibrar. Pedimos a Deus – por assim dizer, ao maestro – que faça os muitos tons em nós soarem juntos, de modo que se forme um som agradável para todos os ouvintes.

A palavra latina para paz é *"pax"*. Vem de *"pacisci"*, "acordos, conversando juntos". Assim, os romanos estavam convencidos de que a paz sempre requer o diálogo entre os partidos em conflito. No final das negociações, haverá um tratado de paz. Podemos também entender isso como uma imagem do espírito: falamos com todas as emoções e paixões que emergem em nós, com todas as vozes que falam em nós. Respeitamos seu espaço e levamos suas necessidades a sério. Mas deixemos que as diversas vozes conversem entre si para chegarem a um tratado de paz. Essa paz, que emerge das discussões, é, portanto, indispensável para todos. Quando aplicamos a compreensão latina da *paz* à *paz interior*, significa que falamos com as diferentes necessidades dentro de nós, com nossas emoções e paixões, com tudo o que emerge em nós. Assim falamos com nossos "adversários internos", que tentamos esconder, que não nos agradam.

Jesus contou uma bela parábola a respeito: "Ou qual o rei que, saindo a campo para fazer guerra a outro rei, não se senta primeiro e examina bem se com 10 mil pode enfrentar o outro que contra ele vem com 20 mil? Do contrário, quando o outro ainda está longe, envia uma delegação para negociar a paz" (Lc 14,31-32). A parábola pode ser entendida da seguinte forma: muitas vezes lutamos contra nossas falhas e fraquezas. Gostaríamos de apagá-las, eles nos perturbam, questionam a imagem que temos de nós mesmos. Gostaríamos de estar cheios de autoconfiança, não queremos ser tão sensíveis a críticas, queremos ter autodisciplina. Ficamos irritados quando comemos ou bebemos demais, quando falamos demais sobre os outros. Esforçamo-nos para superar essas falhas. Mas é uma luta inútil. Temos uma ideia estabelecida de que somos, o quanto possível, isentos de falhas. Mas a luta por essa isenção demonstra que estamos insatisfeitos com nós mesmos, porque há falhas que não são fáceis de apagar.

Conheci muitas pessoas insatisfeitas consigo mesmas por não corresponderem à imagem que formaram de si próprias. Acham que podem superar todas as fraquezas por meio da disciplina ou da espiritualidade. Mas, de acordo com essa parábola de Jesus, isso é uma luta inútil. Para essas pessoas, as falhas são os 20 mil soldados inimigos, enquanto elas lutam com apenas 10 mil, mas não querem acreditar que, na luta, são inferiores ao exército das falhas e fraquezas.

Quando entrei no mosteiro, achava que poderia superar gradualmente todas as minhas falhas com meus "10 mil soldados", com minha força de vontade, decisão e disciplina. Mas depois de dois anos, caí de cara. Percebi que nunca dominaria minhas fraquezas. Temos que nos reconciliar com elas. Só assim podemos seguir em paz, só assim as fraquezas param de lutar contra nós. Elas ficam onde estão, mas sem poder algum sobre nós. Nós as deixamos lá, elas que se entendam, mas não nos controlam. Se não tento controlá-las, elas também param de lutar para me controlar. O resultado é um tratado de paz que nos fará bem e nos libertará da luta constante contra nós mesmos. Observando a questão segundo a parábola, podemos dizer que, se fizermos as pazes com nossos inimigos internos, teremos 30 mil, em vez de 10 mil soldados. Nossos poderes e capacidades se multiplicam e nosso "país" aumenta em tamanho. Nosso coração se expande e nossa visão de mundo se alarga.

Esta parábola de Jesus recomenda que falemos com nossas falhas, erros e fraquezas. Sou amigável com eles e pergunto o que eles querem me dizer. Claro, não devemos deixar que nossas fraquezas nos dominem. Isso violaria nossa dignidade interior. Mas se começo uma conversa com meus lados mais desagradáveis, eles me levam à humildade. Eles nos dirão: "Aceite a si mesmo conforme você é. Diga adeus às suas ilusões de que você é uma pessoa perfeita, um cristão perfeito. Você é uma pessoa com pontos fortes e fracos, com lados agradáveis e desagradáveis, aquilo que gosta de mostrar aos outros e aquilo que prefere esconder dos outros. Deus conhece todos os seus lados, a luz e a escuridão, a beleza e a feiura. Deus aceita você como você é. Portanto, seja feliz com você e com tudo o que há em você".

Estas palavras podem soar como um lema de resignação: "Tenho que me aceitar como sou. Não posso mudar. Não posso entrar no meu ser". Mas não é assim que se entende. Se eu tiver uma conversa com meu lado sombrio, perceberei que, mesmo nas fraquezas, sempre existe uma força oculta. Descobrirei que meus pontos fracos podem se tornar meus amigos. Esse é o propósito da conversa com o inimigo, que ele se torne um aliado ou até mesmo um amigo. Para o psicoterapeuta suíço C.G. Jung, as falhas são sempre uma fonte de energia vital. Se eu reprimir meu lado obscuro, ele lutará contra mim e desenvolverá uma energia destrutiva em minha alma. Mas, se me acostumo com ele, ele se torna uma fonte de vida. Não se trata de se resignar com as fraquezas. Pelo contrário, o pré-requisito de uma transformação interior é estar em paz com as fraquezas. Assim elas perdem seu poder e me torno capaz de crescer mais e mais na forma única que Deus me deu.

Quando alguém encontra sua paz interior, ou a busca, torna-se mais fácil contentar-se com sua vida, não reclama tanto. A insatisfação com as coisas externas pode ser apenas uma expressão de que a pessoa não está satisfeita consigo mesma. Assim, reclama das condições de sua vida, do apartamento que não atende aos seus desejos, do espaço do seu apartamento, do vizinho que perturba com barulho, das condições de trabalho na empresa. Tudo se torna motivo de insatisfação. Claro, existem condições externas que podem perturbar a paz interior. Então você tem que tentar mudá-las. Mas quem está em paz consigo mesmo convive melhor com o que tem ao redor. Nada incomoda sua paz interior.

2
Contentamento como gratidão, contentamento e simplicidade

Os sábios de todas as religiões e culturas dizem que devemos nos satisfazer com pouco. Essa é a arte de viver. Mas não é uma atitude resignada. Não se trata de ficar satisfeito sem nada, sem se atrever a ter sucesso ou ganhar o suficiente para viver bem. É estar satisfeito por não precisar de muita coisa. A satisfação é, portanto, a marca da liberdade interior. Estou satisfeito com a água que bebo, o pão que como. Mas isso ocorre quando realmente gosto da água, quando a bebo conscientemente e sinto como ela sacia minha sede, como é bom beber água limpa e fresca. E ficarei satisfeito com o pão somente se prová-lo e apreciar seu sabor.

Algo é adicionado à satisfação: eu aprecio água e pão como um presente de Deus. Não os tenho por mim mesmo, sinto como um presente de Deus. Deus é o meu bem-estar comigo mesmo. Portanto, a satisfação está sempre associada à gratidão. A pessoa ingrata nunca está satisfeita, sempre quer mais. O filósofo romano Cícero vê na ingratidão uma violação da *"humanitas"*, contra a humanidade. Aquele que se entende como ser humano, como criatura de Deus, também é grato pelo que Deus lhe dá.

A condição de gratidão me faz parar e perceber o que me é dado no momento. Muitas vezes ignoramos as oportunidades de sermos gratos. Mas quando eu paro e percebo o que me é dado, surge uma espiral de gratidão. Então, de repente, descubro muitas oportunidades. O Irmão David Steindl-Rast, que enfatizou a gratidão em sua espiritualidade, observa um agradecimento de três passos: "Pare! Olhe! Vá!" *Pare*, caso contrário, você perderá a oportunidade que lhe é oferecida aqui e agora. *Olhe* atentamente para ver a oportunidade. E – tão importante quanto parar e ver – *vá* e aproveite a oportunidade (STEINDL-RAST, 2014: 11). A visão de David Steindl-Rast não exige grandes obras. O verdadeiro ato de gratidão é "aproveitar a oportunidade para fazer algo". Trata-se de vivenciar (STEINDL-RAST, 2014: 34). Eu não posso ser grato por uma palavra dolorosa, mas posso ser grato pela oportunidade de aprender, com calma e paciência, a responder a palavras duras.

David Steindl-Rast cita em seu livro uma frase de Omraam Mikhael Aivanhov sobre gratidão: "No dia em que dizemos 'obrigado' conscientemente, ganhamos a poeira mágica que pode transformar tudo" (STEINDL--RAST, 2014: 13). O homem grato reconhece a todo momento os dons que Deus lhe oferece, o sorriso de alguém, um bom encontro, uma agradável conversa, o florescimento de uma rosa, as cores vivas das folhas de outono nas árvores, o sol que brilha, a possibilidade de fazer algo hoje, ajudar pessoas.

Isso é praticar a gratidão. Praticar, pausar, perpetuar o que este momento nos diz e, em seguida, responder com gratidão. Quando passo a ser grato, a minha vida muda. Isto é: "Não sou grato porque sou feliz, mas feliz porque sou grato". A gratidão também transmuta a tristeza e a depressão. Albert Schweitzer disse uma vez que, quando não nos sentimos bem, devemos procurar algo pelo que ser grato. E sempre há alguma coisa! Eu posso ser grato por este novo dia, que me dá a oportunidade de me levantar, de me aproximar de outras pessoas, de fazer os outros felizes.

Na língua alemã, é nítida a relação entre as palavras *"danken"* ["agradecer"] e *"denken"* ["pensar"]. Agradecer [*"danken"*] vem do pensar [*"denken"*], porque quem pensa devidamente é também grato. A pessoa ingrata não pensa corretamente em sua vida. Os pensamentos do ingrato não vêm de uma mente desperta. Só quem pensa corretamente e com a mente alerta tem uma mente grata. A lembrança nos faz bem quando é grata. Lembrar algo com ingratidão faz tudo parecer falso. Dietrich Bonhoeffer assim observa: "Sem gratidão, meu passado afunda na obscuridade, no desconhecido, no nada" (STEINDL-RAST, 2014: 59). Em outras palavras, somente quando nos lembramos do passado com gratidão reconheceremos o significado do passado. Sem gratidão, tudo se torna incompreensível e vago. A gratidão nos mostra o passado com nitidez. Assim, o passado nos pertence, torna-se parte de nós. Hermann Hesse disse certa vez que a coisa mais linda da velhice é ler com gratidão o livro de memórias de própria vida. Se o leio com gratidão, percebo o propósito da minha vida, fico cheio de paz interior.

Ser grato não é necessariamente se expressar com palavras. As crianças, quando ganham um presente, expressam gratidão com sua reação alegre. É o que Karl

Barth frisa: "A alegria é a forma mais simples de gratidão" (STEINDL-RAST, 2014: 99). Alegria e gratidão se complementam. Alegria é uma expressão de gratidão. E, reciprocamente, a gratidão é a chave para a alegria: "No momento em que estamos agradecidos, voltamos à alegria que está sempre dentro de nós" (STEINDL-RAST, 2014: 100). Qualquer um que passa o dia com alegria interior contagia positivamente os outros com sua atitude. Sua gratidão intrínseca não só transforma o dia, mas também a vida das pessoas com que se encontra. A gratidão nos conecta com aqueles que encontramos. David Steindl-Rast diz que a gratidão nos conecta com todos, incluindo aqueles de outras religiões: "Não há homem no mundo e nenhuma sociedade que não aprecie gratidão. A pessoa grata é considerada uma pessoa sábia e boa em toda parte. Todos em todo o mundo honram a gratidão" (STEINDL-RAST, 2014: 140). Qualquer um que saiba se conectar com outras pessoas, que sabe "pertencer", está satisfeito com a vida. Gratidão e satisfação estão, portanto, intimamente relacionadas.

A satisfação é evidente no contentamento. Há pessoas para as quais nada é suficiente nunca. Por mais que comam ou bebam, nada lhes basta e nunca se sentem satisfeitas como convidados. A pessoa satisfeita, por outro lado, é um convidado feliz, mas sabe quando é hora de ir para casa. Tem uma atitude polida com o anfitrião e os demais convidados. Há um tempo que é bom para todos, que todos podem desfrutar. Mas se os convidados nunca ficam satisfeitos e permanecem sentados, mesmo quando os anfitriões desejam limpar a mesa e ir para a cama, jamais terão prazer em se reunir. A permanência conjunta torna-se um tormento, os anfitriões simulam bom humor, embora desejem ardentemente que naquele momento todos vão embora. A alegria é a medida. Aqueles que são frugais sentem essa medida.

As palavras alemãs *"genug"* ["suficiente"] e *"genügsam"* ["frugal"] associam-se a *"etwas erreichen, erlangen"* ["alcançar, obter algo"]. Aquele que se contenta com pouco é feliz e encontra prazer no que tem. Aquele que nunca se satisfaz não consegue se divertir. O prazer obviamente tem algo a ver com "estar contente". Eu me divirto quando estou satisfeito com o que estou sendo no momento. Quem não consegue estar contente, nunca ficará satisfeito.

Frugal é aquele que se satisfaz com pouco. Não faz altas exigências, fica satisfeito quando o convidam para jantar, fica feliz com seu lugar no ônibus ou no bonde, não exige muito conforto. A sabedoria da filosofia estoica, em particular, diz que o homem sábio se satisfaz com pouco. Os filósofos estoicos elogiam o estilo de vida simples. Hoje isso se tornou uma questão óbvia para muitas pessoas que vivem conscientemente. Não tem a ver com pobreza ou algo pior. A vida simples tem suas características próprias. A simplicidade tranquila leva à satisfação, à beleza e à clareza da vida. Desta vida simples, Jean Paul* diz: "Pode-se ter os dias mais felizes sem precisar de nada além de céu azul e do verde primaveril". Simplicidade tem a ver com felicidade segundo ele. Para aqueles que apreciam o céu azul e o verde da primavera, o modo de vida simples é um caminho para a verdadeira felicidade.

---

* Pseudônimo de Johann Paul Friedrich Richter (1763-1825), poeta e pedagogo alemão [N.E.].

Lao Tsé, o grande sábio chinês, tinha em mente o modo de vida simples quando disse: "Se você percebe que não quer nada, o mundo todo é seu". Se estou satisfeito com o que Deus me deu, meu corpo e alma, as pessoas com quem convivo e as coisas que possuo, então o mundo inteiro é meu. Eu concordo com o mundo, por isso sou um com Ele. E, se sou um com o mundo, o mundo é meu e eu dele. No momento em que ando atentamente pela floresta e sinto o cheiro das árvores, sou um com o mundo inteiro e, em última instância, com o Criador do universo. Tenho a sensação de que tudo é meu. Tudo está lá para mim, dado a mim por Deus, que me criou e me encheu de seu espírito.

O medo de não ter o suficiente atormenta muita gente hoje. Acham que não têm dinheiro suficiente para sair de férias, ou que o dinheiro não é suficiente para garantir sua aposentadoria. Outros acreditam que seu apartamento não é grande o bastante para viver confortavelmente ou que seu carro não é suficientemente seguro. Existem duas causas principais para essa sensação de insuficiência. Uma é o medo de que nossos recursos sejam insuficientes para garantir nosso futuro. Outra é o medo de não sermos bem vistos pelos outros. O medo de que o dinheiro não seja suficiente está frequentemente relacionado ao medo de ser desconsiderado. Muitos foram desconsiderados na infância por não atenderem às expectativas dos pais. A sensação de não ser bom o suficiente gera um complexo que perdura ao longo da vida. Não se consideram bons o bastante como mãe, pai ou profissional. Não conseguem ser convincentes o bastante para argumentar quando falam com os outros. Conheço um psicólogo bem-sucedido em diversos cursos. Mas depois de cada aula, ele sente que não foi bom o bastante. O curso não foi suficientemente bom. Ele deveria ter atuado melhor. Esse sentimento de não ser bom o suficiente nos deixa com uma sensação de constante insatisfação. Não se consegue ser feliz com o que se faz, porque "tinha" que ser melhor. Na psicologia, diz-se que temos uma criança mal formada em nós. E essa criança continua presente em nós. Temos a sensação de não sermos bons o quanto deveríamos, como mãe, como pai. No trabalho não fazemos o suficiente ou não somos qualificados o bastante. Seria bom abraçar essa criança mal formada, que sempre se manifesta. Ao abraçar a criança insegura que fala em mim e dizer-lhe: "Você me basta. Você é como você é", a criança fica menos eloquente em nós e dá lugar à criança satisfeita que também existe em nós.

A segunda razão para a insatisfação é o hábito da comparação. Enquanto nos comparamos com os outros, sempre temos a sensação de não termos o suficiente e de não sermos bons o bastante. Sempre há pessoas que podem falar melhor que nós, que têm mais dinheiro, mais sucesso e influência que nós. Se nos comparamos com os outros, nunca estamos satisfeitos com o que somos e temos. Søren Kierkegaard diz: "A comparação é o fim da felicidade e o começo da insatisfação". Quando nos comparamos com os outros, estamos sempre insatisfeitos. No entanto, um provérbio chinês diz que nos comparar com pessoas que são mais fracas do que nós também pode levar à satisfação: "Compare-se com os que estão em melhor situação e você está insatisfeito. Compare-se com o pior, e você tem mais do que suficiente". Mas, para mim, é melhor rejeitar completamente a comparação.

Uma senhora certa vez me disse que gostava de frequentar um grupo de mulheres. No entanto, a conversa costumava ser um fardo para ela, porque constantemente se comparava com as outras, tinha a impressão de que as outras, que tinham graduação de nível médio, podiam falar melhor que ela. Por isso ficava calada. Contava que o que ela tinha a dizer era banal demais, comparado com os assuntos das outras. Um amigo aconselhou-a a pensar que as outras podiam falar melhor, mas que ela era uma cozinheira melhor. Só que assim ela caiu na comparação novamente. Seria mais interessante apenas ser ela mesma e esquecer a comparação. Mas isso nem sempre é fácil. Quer gostemos ou não, inconscientemente nos comparamos com os outros. Mas, assim que nos damos conta disso, podemos voltar a nós mesmos. Uma ajuda pode ser colocar as mãos no estômago, voltar-se a si mesmo e dizer: "Eu sou eu e o outro é o outro. Eu sinto a mim mesmo. É assim que eu sou. Não vale a pena comparar. Eu vivo minha vida. Eu trato de viver bem e plenamente a minha vida. Assim ficarei totalmente satisfeito comigo mesmo e com minha vida".

O filósofo grego Epicuro de Samos tem um ditado sábio sobre o tema do contentamento: "Se o suficiente não é suficiente para alguém, nada lhe será suficiente". Há pessoas para quem o suficiente não basta. A música que ouviram foi bem tocada. A comida não é boa o suficiente. A saúde podia estar melhor. Se nada for suficiente para você, você estará sempre insatisfeito. Portanto, a arte de viver é estar contente com o que se é e desfrutar com gratidão o que Deus nos oferece, a beleza que podemos ver, a comida que podemos apreciar e as pessoas que nos demonstram amizade.

Com a palavra "contentamento" ["*Genügsamkeit*"], associamos a palavra "satisfação" ["*Genugtuung*"], que tem a ver com suficiente ["*genug*"]. Sentimo-nos *satisfeitos* se somos *suficientemente* capazes de desempenhar nosso trabalho e, portanto, gostamos do que fazemos. Peter Rosegger disse certa vez: "Quem não encontrar satisfação em seu trabalho não encontrará satisfação em nada". O trabalho é um lugar importante onde podemos encontrar satisfação. Mas se o trabalho é apenas um fardo, quem o exerce como uma imposição também não ficará satisfeito com a vida. Mas quem gosta do que faz terá a mesma satisfação em sua vida, sentirá satisfação em tudo que faz. O tema da frugalidade e simplicidade foi atualizado nas últimas décadas. Reimer Gronemeyer escreveu um livro sobre isso: "O novo desejo de ascetismo", no qual cita o sociólogo Arnold Gehlen, que vê no ascetismo um caminho para sair da crise do nosso tempo. "Na prática, isso significa sobretudo a exclusão daquilo que Bergson chamou de *corrida geral pelo bem-estar* [*allgemeinen Wettlauf nach dem Wohlleben*]" (GRONEMEYER, 1998: 22-23). Gronemeyer cita o bem-sucedido *designer* de moda Karl Lagerfeld, que pretendia construir um mosteiro numa floresta para viver com sua equipe: "Tenho em mente algo que conecta o progresso do Terceiro Milênio com a disciplina da vida de um mosteiro medieval, mas sem conotação religiosa" (GRONEMEYER, 1998: 15). Obviamente, Lagerfeld vivencia o anseio por uma vida simples, na qual possa ficar satisfeito com pouco. Todo o *glamour* externo desaparece. Ele se confronta consigo mesmo. Neste caso, a simplicidade deve ser "sem uma conotação religiosa", significando que a simplicidade está livre de um ascetismo duro. É para sentir gosto de liberdade e espaço. Herrad Schenk lançou o livro *Vom einfachen Leben – Glückssuche zwischen Überfl uss und Askese* [Da vida simples – Buscando felicidade entre a liberdade e o ascetismo] (1997), para o qual coletou muitos textos de diferentes culturas sobre o tema da simplicidade. Ele também descreve as diferentes facetas da vida simples. Em certas épocas da história mundial, a vida simples era uma cultura de comunidades fechadas, não apenas mosteiros, mas também estados inteiros, como Esparta e a antiga Prússia. Muitas vezes a vida simples era acima de tudo uma resposta à civilização, que se afastava cada vez mais da natureza. A vida simples é uma vida com a natureza, uma vida natural e original. Muitas vezes a vida simples é um protesto contra o capitalismo, que se caracteriza pela filosofia do "quanto mais tem, mais quer", e um alerta contra o desperdício de recursos. O anseio por uma vida simples muitas vezes surge do excesso de esforço da crescente complexidade da vida. Em face deste mundo de informação generalizada, você deseja sair dessa roda de *hamster* que gira sem cessar, enchendo seu tempo todo de um contínuo calhamaço de informações. Você quer voltar à vida simples em que se vive sem ser inundado pela informação constante e sem o controle do mundo ao redor.

Às vezes esse anseio pela vida simples pode ser muito romântico. É uma "marca registrada" das pessoas mais ricas. Quem vive em pobreza não tem como ver algo de bom na simplicidade. A vida sob o lema "de volta à natureza" e a busca da vida simples voltam repetidas vezes como uma onda, uma ideia romântica, nos movimentos juvenis após a Primeira Guerra Mundial e no movimento *hippie* da década de 1960. Obviamente, o homem deseja simplesmente viver e ficar satisfeito com pouco. Mesmo hoje, há desistentes conscientes, desistindo de muitas coisas para alcançar a satisfação interior de uma nova maneira. Para saber até que ponto isso é romântico ou um caminho efetivo rumo à paz, é preciso ver o indivíduo de perto. Algumas pessoas vivem dos benefícios da sociedade, o que não leva a uma vida simples, coisa a que os pobres em geral não têm acesso hoje.

Um dos mais famosos dissidentes foi Henry David Thoreau, que construiu uma cabana nos bosques de Massachusetts em 1845, para viver ali com simplicidade e, ao mesmo tempo, autossuficiência. Sobre seu retiro, ele escreveu: "Eu me mudei para a floresta porque tinha o desejo de viver deliberadamente, para me aproximar da vida direta e real, para ver se poderia aprender o que pretendia ensinar, para que eu não viesse a morrer sem ter vivido" (SCHENK, 1997: 263). O objetivo não era basicamente a vida simples, ele na verdade esperava experimentar o segredo da vida real por meio da vida simples: "Eu queria viver profundamente, sugar toda a medula da vida, viver no sentido espartano do termo, tal que tudo o que não fosse *vida* fosse expurgado" (SCHENK, 1997: 264). Por meio da descrição da vida na cabana da floresta, sua busca prossegue: "Simplifique, simplifique!" Esse anseio pode até hoje levar algumas pessoas a abandonar o frenesi da sociedade de consumo e viver da maneira mais simples possível. Querem vida real, vida feliz. A satisfação não deve depender de coisas externas, e sim fluir de um coração livre da necessidade de consumir desenfreadamente.

3
Satisfação e direitos

೧೪

Noto em muitas pessoas de hoje uma postura um tanto carregada no sentido de ter direitos, coisa do tipo "tenho direito à minha saúde", "tenho direito a um quarto silencioso no hotel", "as crianças perturbam meu descanso". Hoje essas alegações são frequentemente aplicadas legalmente. Um homem fez uma reivindicação legal de que no hotel em que dormia não deveriam ser hospedadas pessoas com doenças, pois ele tem direito a um ambiente livre de germes. Tudo que seja desagradável, que prejudique o bem-estar, não pode. Essa atitude exagerada de reivindicação produz uma atmosfera agressiva na sociedade, o que faz com que todos aqueles cujas reivindicações não sejam satisfeitas se sintam vitimados: tenho o direito de ter apenas pessoas saudáveis ao meu redor, corro perigo quando tenho pessoas doentes por perto. Esse pensamento de reivindicação se baseia num egoísmo desmedido. Destrói a solidariedade e estimula as reivindicações egocêntricas. Pessoas que agem assim nunca estão felizes e satisfeitas. Pelo contrário, escondem-se por trás de sua alegação de estarem sempre com a razão. Não admitem que estejam insatisfeitas consigo mesmas. Portanto, querem ter razão em qualquer situação ou ambiente e acham que "ter razão" as satisfará. Mas se não estiverem satisfeitas consigo mesmas, não encontrarão paz nem que todas as suas exigências sejam atendidas.

O excesso de direitos é hoje uma das principais causas da insatisfação generalizada de muita gente. Ficam insatisfeita com o Estado porque não atende às suas demandas por uma renda maior e um emprego seguro, com a empresa em que trabalha porque exige desempenho e esforço. Uma mãe disse que o sistema educacional não estava à altura do seu filho, mas, na verdade, seu filho já se formara duas vezes. Ela propunha intrinsecamente uma amenização do estudo como alternativa ao programa de graduação exigente, ou seja, a ideia de um aprendizado confortável e divertido ou uma vida estudantil despreocupada. Assim, reclama-se da chamada meritocracia, que também é passível de crítica, porque valoriza exclusivamente pelo desempenho. Mas esse argumento não justifica a recusa do esforço. Bento XVI não julga os jovens monges pelo seu mérito, mas pela intensidade de sua busca de Deus, o que se evidencia não só no zelo pela adoração, mas também no grau de envolvimento na comunidade e na disposição ao trabalho. A vontade de trabalhar é um sinal de liberdade interior e de estar pronto para entregar-se a Deus. O fato de o homem se entregar ao trabalho é hoje, para os psicólogos, um critério para a vida feliz, para a satisfação de uma pessoa. Quem só gira em torno de si e das próprias necessidades nunca está satisfeito, embora não veja a causa de sua insatisfação em si mesmo, mas nas circunstâncias externas. Seria melhor que essas pessoas enfrentassem sua própria insatisfação e procurassem sua causa interna.

Muitas vezes, a verdadeira causa da insatisfação é a fixação nos direitos, que sugere expectativas exageradas. Wilhelm von Humboldt constatou: "A maioria das pessoas está insatisfeita com as exigências exageradas do destino". Dizem que precisam sempre estar de pé, do lado ensolarado da vida, ter sucesso sempre, um destino constantemente favorável, imunidade de doenças ou acidentes. Mas essas exigências excessivas levam inevitavelmente à insatisfação, pois nem sempre faz sol. Precisamos saber conviver com sol e chuva por meio do vento e do tempo.

O pensamento na demanda não visa apenas o Estado, a sociedade ou o ambiente de trabalho. Muitas vezes se volta contra nós mesmos, pois somos submetidos a exigências muito altas. Achamos que temos que estar constantemente felizes, sempre pensando positivamente, com tudo sob controle, sempre bem-sucedidos, sempre reconhecidos por todos. Essa demanda excessiva que impomos a nós mesmos vem da infância. É normal que os pais tenham boas expectativas para os filhos. Se não tivessem expectativas, não confiariam neles. Mas se superamos as expectativas dos pais, elas se tornam exigências internas em nós mesmos, e assim nos sobrecarregam. Algumas pessoas me dizem que, quando criança, sempre se depararam com a expectativa de realizar algo. Quando queriam brincar, os pais diziam: "Há coisas mais importantes a fazer. Primeiro a obrigação!", ou "Arrume o seu quarto, depois pode brincar". Tais adultos possuem a ideia de que as crianças têm sempre que fazer algo, que algo tem que resultar do que eles fazem. Brincar ou apenas sentar parece uma perda de tempo. Alguma coisa tem sempre que ser feita. Assim a criança nunca pode ter um momento próprio, não tem tempo livre para aproveitar.

Daniel Hell, psiquiatra suíço especialista no tratamento da depressão, diz que isso muitas vezes leva a níveis excessivos de autocrítica. Para ele, a depressão é muitas vezes um pedido de ajuda da alma. A alma conhece sua medida. Se ultrapassarmos esses limites com nossas exigências sobre nós, a alma se rebela. Devemos ser gratos quando a alma se agita, inclusive quando está em depressão. A depressão é um convite para dizer adeus às exigências exageradas a que nos submetemos. Nem sempre temos que ser perfeitos ou bem-sucedidos, obedientes e ajustados, frios e cheios de autoconfiança. Somos autorizados a ser quem somos. Se nos permitimos ser nós mesmos, estamos em harmonia interior e ficamos satisfeitos com nossas vidas.

Aliás, noto essa atitude de exigência inclusive em pessoas espiritualizadas. Afirmam que sempre tiveram um bom relacionamento com Deus, que sempre se sentiram seguros com Deus. Então ficam insatisfeitos quando se dão conta de que já não conseguem vivenciar ou sentir Deus como antes. Já haviam tido um bom relacionamento com Deus, podiam discutir todos os seus problemas com Ele. Agora não mais. Sentem frequentemente um vazio interior quando se sentam para meditar, quando começam a orar. Isso não significa que não possam seguir um caminho espiritual. Mas primeiro é preciso estar satisfeito justamente por não sentir mais Deus, por não ter mais o entusiasmo juvenil de 20 ou 50 anos atrás, isto é, pelo fato de seu relacionamento com Deus ter mudado. Tornou-se sóbrio. Mas nesta sobriedade há um caminho. Deus não é mais somente aquele que me dá belos sentimentos. Eu me abro para Deus e caminho ao seu encontro, com os sentimentos que tenho agora, embora esses sentimentos não sejam mais tão profundos. Aferro-me a Deus, aproveito para orar e meditar. Mas não espero sentir euforia em todos os momentos de oração. Fico satisfeito com o que tenho agora. Quando sinto o vazio, sinto-me vazio. Se sinto a proximidade de Deus, sinto-me grato.

Inclusive no acompanhamento espiritual, deparo-me de vez em quando com pessoas que impõem constantes exigências a si mesmas, como "Eu deveria ser mais espiritualizado", "Eu deveria restringir-me a Deus, mas também tenho necessidades mundanas", "Eu deveria me concentrar mais na oração, meditar mais intensamente, orar mais pelos outros". Essas pessoas confundem vida espiritual com alto nível de desempenho. Um padre me falou uma vez sobre suas próprias demandas espirituais sobre si mesmo: "Na verdade, eu deveria ser mais feliz com minha vida espiritual. Ainda estou procurando e não vou parar, não tenho que medir minha vida espiritual pelas experiências profundas que os outros contam. É bom que eu esteja à procura de Deus".

A insatisfação com a vida espiritual é muitas vezes uma insatisfação com Deus. "Vivo pedindo a Deus para que me ajude, que me livre do medo, cure minha doença, mas nada acontece". Muitas gente faz a Deus reivindicações desse tipo, como se Deus tivesse que intervir imediatamente a qualquer pedido. Só ficam satisfeitos com Deus se seus desejos forem realizados. Por trás disso, está uma imagem peculiar de Deus: o Pai amoroso que sempre faz o que me agrada. Mas com tal imagem de Deus, nós o trazemos para o nível humano. Deus está além de todas as imagens, Ele é o segredo absoluto que me extasia. Só quando me abro para este Deus incompreensível é que posso dizer sim a Ele, paro de exigir coisas a Ele.

A satisfação me vem da Oração do Senhor: "Seja feita a vossa vontade!" Para muitos, esse pedido parece um excesso, pensam imediatamente que a vontade de Deus frustrará necessariamente seus planos de vida. Não conseguem mais pronunciar essa frase quando morre uma pessoa querida, por cuja saúde oraram tanto. Eis como vejo a questão: eu quero, é claro, manter-me saudável por longo tempo, quero poder trabalhar muito e viver bastante. Mas sei que não posso garantir minha saúde, nem conseguir sozinho que minha vida espiritual esteja sempre ativa e sempre me dê bons sentimentos. Para mim, "Seja feita a vossa vontade" significa: concordo com o que Deus me confia e espera que eu faça. Estou feliz com minha saúde. Mas também admito que posso não estar em paz interior quando adoecer. Aqui, também, a vontade de Deus pode me encontrar e me desafiar a crescer interiormente, a me perguntar o que me importa: apenas minha saúde e força ou o meu relacionamento com Deus?

Quando, antes de uma palestra, pronuncio "Seja feita a vossa vontade", claro, quero tocar os corações das pessoas com minhas palavras. Mas deixo isso por conta de Deus. Não importa se vou brilhar ou não diante das pessoas, mas que Deus toque seus corações. Sou grato se uma conversa é bem-sucedida, se me sinto competente numa reunião. Mas, se não me sinto bem depois de uma conversa, se eu não tiver atingido positivamente o outro, eu digo: "Você estará bem!" Nem sempre uma conversa é ótima. Não preciso terminar a conversa sob a admiração dos outros. Pelo contrário, é Deus que faz algo na pessoa com quem falo. Sou grato quando as pessoas gostam de ler meus livros. Mas também pode ser que, em dado momento, não tenha sucesso. É sempre a vontade de Deus que decide quando um livro se tornará uma bênção para o leitor. Não posso fazer isso sozinho. A aceitação da vontade de Deus me liberta da pressão de sempre ter que tocar o coração das pessoas.

Conheço muitas pessoas que costumam sentir-se infelizes à noite. Assim pensam: "Agi errado. Eu deveria ter conversado com meu filho, com minha filha, mais amigavelmente, com mais cuidado e inteligência. Da forma como agi, é claro que não os acalmaria". Param para avaliar o que fizeram e a maioria pensa "Não fui bom o suficiente, poderia ter sido muito melhor". Eles querem estar sempre totalmente presentes para se envolverem plenamente uns com os outros. Mas a vida nem sempre é assim. Para mim, satisfação significa aceitar o que aconteceu. Mas, ao mesmo tempo, observar a presença de Deus, acreditar que Ele transformou o passado em bênção, mesmo que não tenha sido o ideal.

Quando penso nos motivos de alguns estarem tão insatisfeitos com o passado, dou de cara com meu próprio ego. Eu quero ajudar, quero que o interlocutor fique satisfeito comigo e me elogie como orientador competente. Quero que as pessoas recompensem meu desempenho. Quero ficar bem na frente de todos. Neste caso, é o meu ego que quer ser popular, reconhecido e admirado em todos os lugares. Estar contente significa dizer adeus à demanda do ego.

Jesus pede àqueles que querem segui-lo: "Se alguém quiser vir após mim, renuncie a si mesmo, tome a sua cruz e me siga" (Mc 8,34). Ele não nos pede para largar ou negar todos os desejos. Ele sugere que nos distanciemos do nosso ego. Não podemos matar o ego, porque também precisamos dele para sobreviver no mundo. Mas o ego tende a colocar-se no foco das atenções, alimentando exigências desnecessárias. Interiormente, precisamos manter distância do ego. A palavra grega *"aparneistai"* significa "rejeitar, negar". Rejeito a imposição do meu ego de estar sempre no centro das atenções, de associar tudo a mim mesmo, de inflar-me com ideias grandiosas de mim mesmo. Eu lhe barro a passagem quando ele avança girando em torno de mim. Oponho-me ao ego que busca reconhecimento e afirmação em toda parte. Ao me opor, liberto meu verdadeiro eu, encontrando caminho além do ego para o centro do meu eu.

A reivindicação por direitos é comum também em ambientes de trabalho. Direito de exigir mais dos funcionários da empresa: "Você tem que ser melhor e fazer mais." Mas se o chefe estiver insatisfeito com sua equipe, não é assim que melhorará o ambiente de trabalho. Assim, o tom de reprovação fica claro. Uma linguagem cheia de exigências só cria sentimento de culpa entre os funcionários. Uma consciência culpada não motiva ninguém a mudar ou melhorar. Pelo contrário, paralisa e enfraquece o desejo de trabalhar e de favorecer a empresa. Já vi muitos funcionários que não gostam de ir para o trabalho por sofrerem com a insatisfação do chefe. A falta de atenção dos funcionários acaba tendo um impacto negativo no resultado operacional, o que leva a uma insatisfação ainda maior do chefe. É um círculo vicioso que só para quando o chefe se dispõe a aceitar seus empregados como eles são e a trabalhar com eles. Só posso esperar por uma melhoria no ambiente de trabalho e no resultado econômico se eu gostar dos meus colegas, gostar de trabalhar com eles. Isso os estimula a trabalhar cada vez melhor.

Muitos também são insatisfeitos com o cônjuge. Quanto mais tempo moramos juntos, mais nos conhecemos. E é aí que se mostram as fraquezas e falhas do outro. Se você agora afirma que o parceiro deve ser perfeito, então você está constantemente insatisfeito com ele. É irritante a sua maneira de escovar os dentes, seu atraso, seu desleixo com suas roupas. Mas quanto mais insatisfeito você estiver com seu parceiro, mais ele se concentrará em si mesmo. Ele sente que nunca pode satisfazer você, e por isso, também se descuida de si mesmo.

Há pais que estão insatisfeitos com seus filhos. Tentam estimulá-los, eles têm que ser melhores na escola, devem fazer cursos na escola de música, andar de bicicleta. Esses pais transferem suas próprias aspirações para os filhos. Mas como os filhos não correspondem, os pais estão sempre insatisfeitos com eles. A insatisfação é um veneno para o desenvolvimento dos filhos, que se sentem limitados, isto é, só são bons se satisfizerem as expectativas dos pais. Em alguns casos, desenvolvem estratégias para obter o amor dos pais por desempenho ou adaptação. Mas isso só faz piorar. Desse modo, as crianças não descobrem seu poder próprio e não crescem na forma única que Deus lhes deu.

Há 27 anos venho acompanhando padres e religiosos na Casa Recoleta. Nesta atividade, eu sinto uma vez ou outra que os padres estão insatisfeitos com sua comunidade. Se o pastor estiver insatisfeito com a sua Igreja, não poderá fazer muita coisa por ela. A comunidade sente sua insatisfação, perde o gosto pelo trabalho. Só quando o pastor ama sua Igreja é que poderá fazer a diferença. Por outro lado, os paroquianos muitas vezes estão insatisfeitos com seu pastor, em muitos casos por motivo justo. Talvez ele tenha algumas peculiaridades que não são boas para a Igreja. Mas também conheço Igrejas que não estão satisfeitas com pastor nenhum. Exigem padrões tão altos que ninguém pode satisfazê-los. A congregação se recusa a nomear um novo pastor por ter rejeitado cada predecessor depois de dois anos. Tinham expectativas tão altas que apenas um super-homem lhes faria frente. Mas não há pastores perfeitos, já que são humanos. Quando a Igreja aceita o pastor como ser humano, também lhe dá a oportunidade de mudar e trabalhar bem com ela.

Quando observamos as causas de insatisfação com outras pessoas – na família, no trabalho, na Igreja –, a questão não se restringe às exigências excessivas do outro. Muitas vezes, o problema é a insatisfação consigo mesmo. Você então projeta sua própria insatisfação sobre os outros e espera que eles façam você se sentir bem. Isso torna seu bem-estar dependente do comportamento alheio. Assim você nunca encontrará paz interior, porque depende de coisas externas ou de outras pessoas. É importante encontrar paz em si mesmo. Assim também fico satisfeito com o povo ao redor, não fico me importando com tudo. Percebo como as pessoas são e permito que sejam como são. É claro que é bom desafiar os outros a trabalharem em si mesmos e mudarem algo neles, mas isso só acontecerá se eu os aceitar, pois só o que é aceito pode ser transformado. Este é um princípio da teologia: porque Deus se tornou homem, o homem foi transformado, deificado. Mas esse mesmo princípio também se aplica à psicologia: somente o que eu aceito pode ser transformado, o que eu rejeito permanece como está. Por outro lado, a pessoa que eu aceito como é pode mudar. Se sente que estou insatisfeito com ele, vai dar o troco, procurará sempre novas razões de estar certo e eu errado. Talvez também tente trabalhar em si mesmo, mas assim ele sente que nunca poderá me satisfazer; portanto, não vai mudar muito, porque num clima de insatisfação não há transformação suficiente.

4
Satisfação e verdadeira calma

ೞ

Existe também uma forma negativa de satisfação. Aplica-se a pessoas que estão satisfeitas apenas com o superficial. Vivem apenas o imediato e se satisfazem com isso. Os anfitriões ficam muito satisfeitos ao ver como os convidados ficaram contentes depois de uma boa refeição, mas agora querem descansar. É uma satisfação já sonolenta. Você não quer ser incomodado, quer preservar seu bem-estar. Todas as pessoas que questionam você são tidas como perturbadoras de fora. Você não é aberto a outros, para convidados ou estranhos. Você quer ficar com seus assuntos, manter seus velhos hábitos e ambiente. Sempre foi assim, isso basta, é assim que você está acostumado. Todo o resto só incomoda.

Esse tipo de satisfação não tem nada a ver com a verdadeira paz interior. É muito fácil você ficar chateado, manter-se fechado para tudo que possa questioná-lo. Você é imóvel. Não há alteração interna que você perceba. Tudo está congelado. Essa solidificação é confundida com satisfação. Na verdade, é uma celebração do passado, no qual você não quer mexer, porque tudo em que se mexe é uma questão para a vida. Ainda é assim? Estou vivendo de acordo com minha realidade atual? Tais perguntas são então rejeitadas de forma muito agressiva.

Herbert Marcuse, um filósofo e cientista político germano-americano, acredita que essa satisfação se expressa em "conforto, negócios e segurança no trabalho" (MARCUSE, 1967: 254). A pessoa se instala nisso. Marcuse chama essa atitude de "satisfação escrava" (1967: 254). Portanto, não há apenas uma satisfação grata, mas também uma satisfação escrava. Você não deve ser incomodado por ninguém. O Estado, que não garante mais a sua segurança, torna-se um desordeiro. Qualquer coisa que possa afetar seu conforto destrói sua satisfação. É uma satisfação que nos escraviza e nos torna agressivos contra qualquer um que possa questioná-la.

Em oposição a este contentamento superficial, os sábios do mundo nos convidam a um contentamento grato, que se torna a chave que abre a porta da felicidade. Theodor Fontane fala desse bom contentamento: "Só há um modo de se sentir bem: é preciso aprender a se contentar com o que é dado e nem sempre exigir o que falta". Portanto, a satisfação pode ser aprendida. Por exemplo, tentando ficar satisfeito com o que se tem. Isso nem sempre é fácil, porque sempre existe em nós uma tendência a solicitar o que nos falta. Quando percebemos essa tendência em nós mesmos, é importante continuar dizendo: não penso no que não tenho. Obrigado pelo que tenho e pelo que sou. Estar contente com o que se tem não significa renúncia ou estagnação. A satisfação grata é bastante aberta ao novo, que aceita com gratidão. Mas, acima de tudo, ela é grata pelo que é. E isso lhe dá paz interior. Fora dessa paz, algo novo pode surgir, mas se alguém sempre quer algo novo por insatisfação interna, nada o satisfará. Tudo novo só é bom por um curto período. Isso se reflete, por exemplo, no frenesi de compra que se verifica em algumas pessoas. Assim que compram alguma coisa, ela perde logo a graça. Eles não gostam mais do que compraram. O insatisfeito, por mais que compre e experimente tudo de novo, nunca ficará satisfeito.

O poeta protestante Paul Gerhardt diz em um de seus poemas: "Seja contente e fique quieto". O contentamento interno leva à paz interior e ao silêncio. Jesus nos mostra como podemos encontrar essa paz interior, ao dizer: "Tomai sobre vós o meu jugo e aprendei de mim, que sou manso e humilde de coração, e achareis descanso para vossas almas" (Mt 11,29). Internamente, só acalmamos quando aprendemos com Jesus essas duas atitudes: mansidão e humildade. A palavra *"ora"*, que está no texto grego da Bíblia, pode ser traduzida como "bondade" ou "mansidão". Somente quando somos gentis com todas as emoções internas de nossa alma, encontraremos a paz. Se afastarmos todas as coisas desagradáveis que vêm em nossos encontros com estranhos, nunca conseguiremos descansar. A satisfação superficial é, portanto, sempre uma defesa contra tudo que seja diferente. Mas quando olhamos com um olhar benevolente para o que se manifesta em nós, tais como necessidades, emoções, reações interiores, encontramos a paz. Quando traduzimos *"ora"* por "mansidão", reconhecemos outro aspecto do contentamento interior: a palavra *"sanft"* ["gentil"] está associada à palavra *"sammeln"* ["reunir"]. Gentileza é a coragem de reunir tudo o que existe em nós. Tudo nos pertence. Conheço muitas pessoas que estão divididas em si mesmas, que vivem exteriormente apenas seu lado correto, seu lado religioso. Tudo o mais fica oculto. Assim, nenhum encontro real é possível com essas pessoas, pois não irradiam paz. Percebe-se que sua aparente paz exterior é forjada na repressão. Não é realmente uma paz, nada flui entre eles e os outros, porque eles escondem aspectos interiores, mostram sua face "racional" e os contatos caem no vazio. Se alguém oculta seus sentimentos e nos encara apenas com a mente, vemos sua mente, mas não a pessoa inteira. Tal divisão interna não leva a um carisma seguro. Sentimos que, por trás da fachada racional, um vulcão está fervendo. Somente a gentileza como coragem para coletar tudo em nós nos leva à paz interior. Se não temos medo de nada em nós, se assumimos tudo amorosamente, nenhum vulcão poderá explodir para derrubar tudo em três tempos.

Outra atitude que podemos aprender com Jesus é a humildade. Humildade ["*humilitas*"] é a coragem de descer à própria realidade, descer à própria sombra, onde estão todas as emoções e paixões reprimidas. Se as mantivermos reprimidas, elas ressoarão dentro de nós e não teremos paz. Com um medo constante de que a agressão reprimida ou a sexualidade reprimida possam vir à tona, fugimos do silêncio por temermos que ele dê passagem a todas as coisas reprimidas, que de repente percebamos que estamos passando por cima de nós mesmos e da nossa verdade. Só encontraremos a paz quando estivermos prontos para aceitar humildemente nossa verdade interior. Humildade é a coragem de aceitar tudo o que sentimos em nós mesmos. Isso nos liberta de ideias ilusórias sobre nós, reconciliamo-nos com a nossa realidade. Isso é o que nos dá a verdadeira paz. E essa paz verdadeira sempre leva à satisfação e à gratidão, mas nunca a uma satisfação absoluta. A satisfação pretensamente absoluta se forja quando nos desmembramos ou separamos tudo o que nos preocupa. Por trás dessa satisfação esconde-se o medo da preocupação com tudo. Portanto, as pessoas satisfeitas deste modo frequentemente reagem de maneira muito agressiva a todos os que as criticam ou questionam.

A satisfação deve ser aprendida. Há muitos provérbios sobre isso. Por exemplo, um da região italiana de Friul-Veneza Júlia: "A casa dos satisfeitos ainda não foi construída". A metáfora sugere o visual de uma casa em que estejamos satisfeitos. Mas diz que a maioria ainda não a construiu, pois preferem morar em casas de insatisfação. Mas vale a pena construir uma casa de satisfação, porque, como diz um ditado francês: "A satisfação é mais valiosa que a riqueza". Construir a casa do contentamento é mais valioso do que construir uma casa grande com muitos quartos, mas cheia de insatisfação. Se quisermos cobrir nosso vazio interior com riqueza, ele não nos trará paz. Jesus dirige nosso olhar para a riqueza interior de nossa alma, para o tesouro no campo, para a preciosa pérola em nós. Quando a encontramos, encontramos a paz e ficamos satisfeitos.

Jesus também nos mostra um caminho para a verdadeira satisfação: "Não ajunteis riquezas na terra, onde a traça e a ferrugem as corroem e os ladrões assaltam e roubam. Ajuntai riquezas no céu, onde nem traça nem ferrugem as corroem, onde os ladrões não arrombam nem roubam. Pois onde estiver vosso tesouro, aí também estará o coração" (Mt 6,19-21).

Jesus se refere aos tesouros de roupas preciosas que são comidos por traças, caixas preciosas e armários que são destruídos pelo caruncho e tesouros que foram enterrados, quer em casa ou no chão, que os ladrões podem desenterrar e roubar. Nossas posses nunca são seguras. Muitos impérios vivem constantemente com medo de serem roubados ou destruídos.

A verdadeira paz e o verdadeiro contentamento só podem ser encontrados quando acumulamos "tesouros no céu". Isso pode ser dado a outras pessoas. Oração e jejum nos põem em contato com a riqueza interior, com a imagem pura e original que Deus nos deu. Quando estamos em contato com essa imagem, estamos em harmonia com nós mesmos e encontramos a verdadeira calma.

5
A pessoa satisfeita

Uma pessoa satisfeita é agradável. Onde quer que apareça, espalha uma atmosfera agradável. O estado de satisfação de uma pessoa se manifesta em diversas áreas. Abordarei algumas.

Às vezes dou cursos para funcionários de uma cadeia de hotéis. São pessoas muito satisfeitas, que gostam de fazer o que fazem. Eles me falam sobre os diferentes tipos de hóspedes. Há aqueles que gostam de receber as boas-vindas e serem encaminhados a um quarto agradável. Sentem-se satisfeitos com o serviço e com as facilidades que o hotel oferece. Há outros que não se sentem satisfeitos com nada. Algo falta no quarto, é muito pequeno ou grande demais. Falta algo no equipamento. As toalhas são muito pequenas ou poucas. A cama é muito mole ou dura demais. Benjamin Franklin diz: "A pessoa insatisfeita não consegue encontrar uma cadeira confortável". Sempre tem algo a reclamar, não pode se acomodar na poltrona e relaxar. Sempre encontra algo que não se encaixa.

Os funcionários do hotel os conhecem de acordo com suas reações. Os que ficam satisfeitos com o que lhes é oferecido são agradáveis. É agradável trabalhar com eles. Eles gostam de fazê-los felizes. Com as pessoas insatisfeitas você pode fazer de tudo, e não adiantará. E, em dado momento, isso incomoda os funcionários. Percebem que a insatisfação com o serviço se deve a outra coisa: a insatisfação consigo mesmos, insatisfação com a própria vida.

O hóspede satisfeito não compara um hotel com outro, verifica o que cada hotel lhe oferece, gosta de pesquisar. Ele sente a atmosfera amigável e grata na atenção que os funcionários lhe dão. E, de repente, surge a familiaridade. Você se sente bem. A pessoa satisfeita, que está contente com o que lhe é oferecido, como que recebe um presente, o que não ocorre com o insatisfeito. É presenteado com uma palavra amigável, a atenção dos funcionários, os relacionamentos e amizades que surgem. O insatisfeito permanece sozinho, não encontra conexão. E essa exclusão da vida o deixa ainda mais insatisfeito.

Os vendedores também conhecem diferentes tipos de pessoas. Alguns nunca se decidem. Procuram por algo que não existe. Nada que a loja de departamentos tenha a oferecer é bom o bastante. Essa insatisfação generalizada muitas vezes coloca os vendedores embaraçados e perplexos. Sentem que, por mais opções que apresentem ao cliente, nada o satisfará. Por outro lado, há os outros clientes que olham para as roupas em oferta e se alegram por encontrarem algo que lhes convém precisamente. Dá gosto atender clientes assim, ocorre uma boa conversa. E o cliente tem a sensação de que tomou a decisão certa, fica satisfeito com o que comprou. O cliente insatisfeito decide no momento, mas volta depois de dois dias e devolve a mercadoria. O que comprou não o satisfaz. Esses clientes são o pesadelo de todos os vendedores. Quando dou cursos para vendedores, percebo que eles adquirem muito conhecimento humano em sua profissão. Você pode ver no comportamento durante uma compra o que se passa na alma de uma pessoa, se alguém está em harmonia consigo mesmo ou se está em confusão. Você sente como os seres humanos são na vida. O comportamento ao comprar revela muito sobre a alma do homem.

Há pessoas que querem sempre uma qualidade absoluta. Mas isso não existe. Essas pessoas estão procurando uma ilusão; portanto, nunca estão satisfeitas. Pessoas satisfeitas sabem que nada é absoluto. Olham para os vestidos à disposição e confiam em suas intuições. Então decidem e ficam satisfeitos com sua escolha, não ficam se perguntando se ainda há um suéter mais barato ou mais bonito em outro lugar. Estão satisfeitos com o que compraram. Seu contentamento revela algo essencial: o ser humano é limitado, e o que ele compra é sempre limitado. Nada nos satisfará de modo absoluto, mas se ficamos satisfeitos com o que compramos, sentimo-nos bem. A dúvida do insatisfeito não é propriamente o suéter que foi comprado, mas, em última análise, é a dúvida que a pessoa tem quanto a si própria, ou seja, não sabe quem é nem o que quer.

O insatisfeito tem sempre algo a reclamar. Sempre quer ser cuidado, tudo deve ser sempre fácil, todos os desejos devem ser satisfeitos. Isso os deixa no mesmo patamar de uma criança que só quer ter pais, mas não dá nenhum passo para crescer.

Há 53 anos eu moro numa comunidade monástica. Aqui também tenho irmãos satisfeitos e insatisfeitos. Claro que sempre se pode acrescentar algo na comunidade. E a comunidade sempre tem que trabalhar em si mesma, para que não viva em total complacência e depois se perguntar por que ninguém quer ingressar. Mas os membros da comunidade, muitas vezes insatisfeitos, esperam algo que só podem encontrar em si mesmos. A comunidade sempre será confrontada com as fraquezas e erros de seus membros. Tudo que ela pode fazer é tentar lidar com isso, e o manuseio nunca será o ideal. Os confrades satisfeitos trabalham para espalhar a paz em torno de si mesmos. Eles não falam constantemente sobre os outros que não vivem tão bem. Irmãos insatisfeitos sempre sabem o que está acontecendo na comunidade. Têm a mente fixa nos erros e fraquezas da comunidade e de cada confrade. Aqui também é importante dizer adeus aos ideais e amar a comunidade como ela é. Só posso transformar o que amo. O que recuso permanece em sua forma negativa.

Na Casa Recoleta de nossa abadia, acompanho muitos sacerdotes e religiosos e homens e mulheres que trabalham na Igreja. Ali também percebo satisfação e insatisfação. A insatisfação geralmente se refere não apenas ao sacerdote, mas ao culto em geral. No entanto, toda a Igreja celebra. Portanto, a insatisfação muitas vezes expressa uma expectativa excessiva da comunidade. O cristão satisfeito vai para o serviço, é grato pelo silêncio em que descansa, é grato pelas músicas que tocam seu coração. E é grato pelas palavras do sermão que o tocam. Alguns costumam pensar no que o padre deveria realmente dizer. Assim ignoram o que ele diz. Alguns têm experimentado um bom serviço em outro local e esperam o mesmo padrão no culto de sua comunidade. Outros devem lhes dar esse padrão. Mas se o sentimento padrão não está neles, eles esperam em vão que outros o transmitam.

Nas minhas palestras, também vejo pessoas satisfeitas e insatisfeitas. Alguns são gratos pelo que eu digo, deixam-se tocar pelas minhas palavras. Outros me procuram depois da palestra e me dizem o que mais eu poderia ter dito. Eu não falei o suficiente sobre amor ou perdão. Mencionam seu tópico favorito, embora esse não tenha sido o tema da palestra. Eu apenas tento ouvir e pensar sobre o que leva alguém a enfatizar sempre o que não foi dito. Muitas vezes sinto a insatisfação ali. Não se está em harmonia consigo mesmo, espera-se do outro uma confirmação de suas próprias ideias favoritas. No entanto, quando eles falam de amor ou perdão, percebo que, em suas palavras, nem amor e nem perdão podem ser sentidos, mas apenas a justiça.

Há casos em que se pode fazer perguntas publicamente após a palestra propriamente dita. Alguns abordam questões muito pessoais. Gosto disso. Tenho a sensação de que, com tais perguntas, eles também ajudam os outros a descobrir algo em si. Há quem não pergunte, mas dá uma palestra particular. Mencionam o que faltou na minha atuação para mostrarem às pessoas que poderia ter sido muito melhor. Sinto sua insatisfação quanto ao esforço. Em vez de se deixarem tocar ou de questionarem, expressam sua insatisfação para todo o público. Muitas vezes, reagem de modo muito irritado em tais "copalestras", sentem sua insatisfação e se tornam insatisfeitos.

Em cada encontro, pode-se finalmente perceber quais pessoas estão satisfeitas ou insatisfeitas. Isso é o que eu vivencio acima de tudo na atividade de orientação espiritual. Fico sempre grato por falar com pessoas satisfeitas, quando a conversa é bem-sucedida. Assim, os interlocutores sentem que novas perspectivas se abrem. Se o interlocutor está insatisfeito consigo mesmo, primeiro ouço com atenção e pergunto sobre as causas de sua insatisfação. Este, em muitos casos, responsabiliza outras pessoas pelo fato de não se sentirem bem. Então pergunto qual é a sua insatisfação específica. Às vezes consigo dissolver sua insatisfação e transformá-la em gratidão. Assim sou grato pela conversa e pela transformação que resultou dela.

Mas às vezes também sinto minha própria impotência. Tudo o que digo é repelido. Para todas as perguntas que faço não entendo a resposta, não entendo o problema do interlocutor. Qualquer tentativa de entendê-lo falhará. Quando dou de cara com uma parede de insatisfação, sinto que a raiva se avoluma em mim. Então desisto de lutar contra a parede. Deixo o outro com sua insatisfação. Mas eu não desisto. Espero que ele enfrente sua própria insatisfação e perceba que precisa começar por si mesmo, em vez de culpar os outros por isso.

Não é fácil satisfazer pessoas insatisfeitas. Prefiro lidar com pessoas satisfeitas. Elas emanam paz, é fácil falar com elas. E, na conversa, você chega a tópicos importantes. Por exemplo, você pode expandir os pensamentos de sua própria palestra com eles. Conversar com pessoas satisfeitas é um presente, enriquece. Por outro lado, falar com uma pessoa insatisfeita cria frequentemente um sentimento de raiva, agressão ou mesmo dúvida e insegurança. Tenho que me proteger da insatisfação dos outros. Caso contrário, serei infectado por ela. Quando falo com pessoas insatisfeitas, sinto-me desafiado a irradiar satisfação. Sinto em mim a responsabilidade pela satisfação ou insatisfação que resultará. Somente quando a satisfação emana de mim, minhas palavras alcançarão as pessoas, pois se sentirem minha própria insatisfação por trás de minhas palavras, elas se defenderão interiormente contra elas.

6
Satisfação com a vida

A insatisfação com as coisas ou com outras pessoas geralmente tem uma causa mais profunda: a insatisfação com a própria vida. Você se concentra em tudo que não vai bem. Um reclama dos vizinhos que são muito barulhentos, hostis ou curiosos, que sempre puxam conversa. Você tem sempre algo a reclamar. Está insatisfeito com a vida, com o nível de alcance de seus objetivos, com a carreira profissional, com a situação na empresa, com os familiares, com a família. Claro, sempre há razões pelas quais você pode estar insatisfeito. E há coisas no relacionamento, na empresa, na história da própria vida que não são fáceis de aceitar. Mas isso também depende da sua atitude interior, de como você reage ao que confronta.

A pessoa satisfeita concorda com a vida. Também já se queixou, já foi insatisfeito, mas rapidamente se acostumou e disse sim a tudo. Vê sua vida no contexto da vida dos outros. Diz com segurança: estou satisfeito, sou saudável, tenho uma família que amo, na qual me sinto bem, gosto do meu trabalho, ele me dá prazer. Sou grato pela minha fé que me dá apoio.

Pessoas satisfeitas renunciaram às ilusões, entendem tudo conforme é. Conheci recentemente um velho sacristão durante uma palestra numa igreja. Ele irradiava satisfação, estava satisfeito com seu pastor, sua Igreja. Cumprimentava gentilmente as pessoas que vinham à sacristia à procura de um banheiro. Falou amorosamente das pessoas de sua comunidade. Estava contente por terem vindo 30 pessoas ao serviço num dia de semana, por gostarem de ir à celebração eucarística todo dia, encontrando-se, falando uns com os outros após a celebração e conversando entre si. Todos sabem uns dos outros, e você se sente em casa no meio da cidade, em meio à comunidade. Esse simpático e contente sacristão também irradiava sabedoria. Percebi que o homem não tinha o hábito de julgar, que era aberto a todas as pessoas, aos ambientes, com suas idiossincrasias, aos estranhos e refugiados. Por estar satisfeito com sua vida, também expressa satisfação, o que é bom para todos que o encontram.

Não conversei muito com ele, não houve tempo. Mas posso imaginar como foi a vida desse homem. Nem tudo correu bem. A satisfação que esse velho emanava provavelmente se devia a algumas das dificuldades pelas quais passara, alguma doença, alguma decepção, mágoas. Mas ele não se deixou abater. Ele disse sim à sua vida e assim teve uma satisfação que não foi estabelecida, mas autêntica e genuína. Pessoas assim satisfeitas são uma bênção para o ambiente em que vivem.

Uma das minhas tias perdeu o marido na guerra. Depois da guerra ela teve de cuidar sozinha da fazenda. Casou-se com um empregado que ela contratou. Depois de alguns anos, dois de seus filhos morreram, de câncer e leucemia. No entanto, ela permaneceu uma mulher alegre, cheia de entusiasmo pela vida. Quando lhe perguntei como ainda podia expressar esse contentamento, ela respondeu: "Todos devem carregar sua cruz". Ela não se rebelou contra o destino, aceitou a cruz que Deus lhe destinou. Sua forma de encarar isso não tinha gosto de resignação, mas de paz interior e bom entendimento com a vida. Sua fé disse a ela que existe a cruz. Ela não escolheu a cruz. Mas quando isso a atingiu, ela aceitou como um desafio. E ela estava pronta para isso. Continuou feliz com sua vida. E sua satisfação irradiava. Foi um prazer falar com ela. Senti nela uma forte afirmação da vida.

Minha mãe teve apenas três por cento da visão em seus últimos 25 anos. Ela perdeu o marido quando tinha 61 anos de idade. Mas sempre se contentou com a situação do momento. Aceitou a vida como era. Quando perguntada sobre como estava, ela sempre dizia: "Estou satisfeita". Compensou sua doença, fez o melhor possível e seus sólidos rituais lhe garantiram o gosto pela vida. Ela gostava de conversar com as pessoas e ansiava por dar aos outros algo para aproveitar. Vejo em muitas pessoas idosas esse contentamento, embora elas também tenham suas doenças e gradualmente percebam suas fraquezas e limitações. Não se fixam nas limitações e impedimentos, mas olham para o que eles ainda podem, o que ainda têm. Idosos que irradiam contentamento são uma bênção para seu ambiente. Mas é claro que também encontramos pessoas velhas que sempre se lamentam, consideram-se abandonados por Deus e pelas pessoas, e estas recuam instintivamente para não serem infectadas por sua insatisfação.

Em conversas com idosos, eles costumam me contar sua história de vida. Há casos de muito sofrimento, experiências de guerra, exílio, falta de moradia, rejeição como refugiados pelos habitantes locais. Ganhavam a vida laboriosamente; mas, ainda assim, falavam de suas vidas conforme eram, sem acusar ninguém. Foi duro e amargo, mas eles se orgulham de terem passado por tudo aquilo. E assim eles aceitam suas vidas e agradecem por poderem viver agora, ainda razoavelmente saudáveis, com um bom apartamento, uma família, filhos e netos. Mas mesmo idosos solitários costumam falar com satisfação de suas vidas. Eles desejaram família, mas seu destino foi outro. Eles não são amargos, aceitam a vida como ela é. Eles se sentem em casa na paróquia, estão comprometidos com outras pessoas, são gratos por estarem fazendo melhor do que muitos que encontram em seu hospital ou em visitas domiciliares a idosos.

A satisfação com a vida obviamente não depende do que as pessoas experimentaram, mas da maneira como elas veem e interpretam o que estão vivenciando hoje. E é nossa decisão a maneira como olhamos para o nosso passado, com amargura ou gratidão. Não podemos mudar o passado. Ele passou. Mas podemos decidir como olhar o passado e para a situação atual. Se você olhar de maneira satisfeita, experimentará algo diferente daquele que sempre reclama e se sente em desvantagem com o destino.

7
Caminhos da satisfação

Falei diversas vezes sobre como podemos obter satisfação. A palavra *"zu-frieden"* ["para a paz", *"zufrieden"* = "satisfeito, com satisfação"] sugere a ideia de que devemos *chegar* à paz, que deve haver um caminho *para* alcançarmos a paz. Portanto, no último capítulo, quero examinar mais de perto os caminhos que poderiam nos levar à satisfação. Ao fazê-lo, gostaria de considerar três maneiras: o caminho filosófico, como nos foi descrito pela escola de filosofia grega da *Stoá* (estoicismo), o caminho psicológico e o caminho espiritual. No entanto, todas as três formas se inter-relacionam. E vamos perceber que os caminhos são abertos entre si.

O caminho da Stoá

A filosofia estoica foi fundada por volta de 300 a.C. por Zenão de Cítio, no Chipre. A filosofia estoica não se limita a explicar o mundo. Sua área principal é mais o comportamento correto do homem e seu caminho para a felicidade interior e satisfação. No Novo Testamento, podemos ver que Paulo conhecia a filosofia estoica. Ele frequentemente cita filósofos estoicos em seus chamados catálogos de virtudes e vícios. Lucas nos diz em Atos que Paulo dialogava com filósofos estoicos. No Areópago, Paulo faz um discurso em que adota muitas ideias da filosofia estoica. Existe o pensamento de que Deus não habita em templos feitos pelo homem, mas permeia todo o mundo. A frase "É nele que vivemos, nos movemos e existimos" (At 17,28) é encontrada de maneira semelhante nos filósofos estoicos.

Os romanos tinham uma predileção pela filosofia estoica. Acima de tudo, Sêneca, e mais tarde o imperador e filósofo Marco Aurélio. Um representante principal da *Stoá* é o ex-escravo Epiteto. Ele nasceu por volta do ano 50 d.C. na Frígia e foi para Roma como escravo. Lá foi libertado por seu senhor, que havia reconhecido nele o filósofo. Epiteto ficou paralítico e permaneceu solteiro. Seus pensamentos, reunidos por seus discípulos, eram muito populares entre os Padres da Igreja e os primeiros monges. Os monges viram nele um cristão filosófico. Eu quero compartilhar alguns de seus pensamentos sobre o caminho para a satisfação. Muitas vezes, descobrimos paralelos com as declarações cristãs.

Um pensamento-chave em Epiteto é a distinção entre o que está em nosso poder e o que não está. Nosso pensamento e sentimento estão em nosso poder. O exterior, por outro lado, o que encontramos na natureza ou os comportamentos das pessoas ao nosso redor, não estão em nosso poder.

O maior erro que podemos cometer é constantemente girar em torno do que não está em nosso poder. Assim, Epiteto escreve: "Se você toma por livre o que, por natureza, não é livre, ou por seu aquilo que lhe é estranho, você terá muito desagrado, angústia e tristeza, você discutirá com Deus e todos os homens. Mas se você considerar apenas os seus como seus e estranhos como estranhos, ninguém jamais forçará você, ninguém jamais o atrapalhará, você nunca censurará ninguém, nunca acusará ninguém, nunca fará nada contra sua vontade. Ninguém o prejudicará, pois você não terá inimigo, nada poderá prejudicá-lo" (EPITETO, 1966: 21).

Outra distinção importante é a que há entre as coisas e a ideia que fazemos das mesmas: "Não são as coisas que incomodam as pessoas, mas as noções de coisas. Por exemplo, a morte não é uma coisa terrível – caso contrário, teria sido terrível para Sócrates – mas têm-se a ideia de que é algo terrível. Então, se estamos infelizes, inquietos ou angustiados, não devemos buscar a causa em outra coisa, mas em nós mesmos, isto é, em nossas ideias" (EPITETO, 1966: 24). As ideias também têm a ver com satisfação. Se temos outras ideias da nossa vida, que não a realidade, estamos insatisfeitos. Portanto, Epiteto nos diz: "Não exija que tudo seja feito como você deseja, mas esteja contente que seja como acontece e que você viva em paz" (EPITETO, 1966: 25).

Às vezes as palavras de Epiteto parecem excessivamente racionais, parecem passar por cima das emoções. Epiteto acredita no poder da razão. Mesmo que sejam muito racionais, seus pensamentos são um desafio. Isso também se aplica à ideia de que todos nós temos um papel a desempenhar em um espetáculo determinado por Deus, e não por nós mesmos. Não podemos escolher o papel. Nossa tarefa é desempenhar bem o papel que nos foi dado, seja o papel de um governante ou de uma pessoa com deficiência, como o próprio Epiteto com sua paralisia (cf. EPITETO, 1966: 29).

O pensamento de que não é o outro que nos magoa, mas apenas a ideia que fazemos dele, leva a conclusões próximas das palavras de Jesus: "Não são os que o reprovam, nem os que o atacam, que o ofendem, mas só a imaginação de que eles o ferem" (EPITETO, 1966: 31). Isso, por sua vez, leva a uma atitude semelhante à do suposto inimigo, como Jesus menciona no Sermão da Montanha. A inimizade sempre surge da projeção, das ideias que faço do inimigo. O inimigo não pode se aceitar e briga comigo pelo que não pode aceitar em si mesmo. Quando vejo através dessas ideias, o outro não é meu inimigo, mas alguém que está dividido e precisa de cura. A Palavra de Jesus "Se alguém lhe bater na face direita, ofereça-lhe a outra", só podemos entender se prestarmos atenção às nossas ideias. Na época de Jesus, um deles lhe bateu com as costas da mão. O espancamento não foi um ato de violência, mas de desonra. Foi um gesto de desprezo. Mas se eu não me desprezo, se eu conheço minha própria dignidade, então a ideia que a outra pessoa tem de mim não pode me perturbar. Eu permaneço em minha honra, mesmo que o outro ainda toque minha outra face e me diga novamente que não valho nada.

Como os primeiros monges, Epiteto nos encoraja a manter nossos olhos diariamente na morte: "Isso o salvará de pensamentos mesquinhos e de desejos excessivos" (EPITETO, 1966: 31). Os monges justificam o pensamento diário da morte vivendo conscientemente no momento. Para Epiteto, o pensamento da morte nos liberta de pensamentos mesquinhos. Então vemos nossa vida como ela realmente é e a colocamos no grande contexto da história. Nossa vida é limitada. Temos que dizer sim para essa vida limitada. Assim seremos uma bênção para os outros.

Epiteto também nos pede para ter ideias corretas de Deus ou dos deuses, como ele escreve: "Você tem que saber que eles [os deuses] existem para governar bem o mundo. Você precisa se acostumar a si mesmo, obedecê-los, encontrar a sabedoria de Deus". É sempre um processo pelo qual passamos. Devemos agir de modo a concordar com a vida, confiando que tudo deriva de uma sabedoria superior que muitas vezes não entendemos.

Quem se rebela contra si mesmo se prejudica e se joga na prisão. Epiteto pergunta: "Que prisão? Naquela onde ele está agora, porque é contra a sua vontade, e onde está sua contrariedade, está sua prisão. Por exemplo, Sócrates não estava na prisão porque estava lá por sua própria vontade" (EPITETO, 1966: 63). Epiteto ficou paralítico. Mas à pergunta: "Eu tenho que ter essa perna coxa?", ele responde: "Seu pequeno homem, por causa de uma perna, você repreende o governo do mundo? Não sabe considerá-lo como um todo? Você não quer renunciar voluntariamente, não quer devolvê-lo serenamente àquele que o deu a você?" (EPITETO, 1966: 63). Tais pensamentos parecem fáceis demais para soar bem. Mas há um desafio neles, o de olhar para si mesmo e sua vida na face de Deus, ou como Epiteto coloca, em face de todo o cosmos. Nós somos parte desse cosmos. Quando nos vemos como uma parte, nossos desejos são relativizados para a vida. Para Epiteto, tudo está intimamente relacionado. Portanto, nunca estamos sozinhos, sempre somos um com o cosmos e, finalmente, um com Deus: "Assim que você fechar suas portas e tiver obscurecido seu aposento, considere que você nunca pode dizer que está sozinho, porque você não está. Deus está em você" (EPITETO, 1966: 65).

Mesmo que as ideias de Epiteto às vezes pareçam muito simples e muito racionais, considero um desafio dizer sim à vida. Os pensamentos querem nos mostrar um modo de nos contentar com nosso destino. Não podemos ficar questionando isso o tempo todo. Assim é. Nós somos parte do todo. E se dizemos sim às nossas vidas, isso também afeta todo o cosmos. Não escolhemos qual corpo saudável ou doente temos, que talentos temos, quais são nossos limites. Quando estamos contentes com nossa vida como ela é, a paz surge e contribuímos para a transformação do mundo. Em termos cristãos, diríamos que através de nós o Espírito de Jesus entra e transforma este mundo para que se torne cada vez mais semelhante a Cristo.

Meios psicológicos

Um pouco do que a filosofia estoica descreveu como um caminho para o contentamento interior, a psicologia atual nos diz de modo semelhante. No entanto, gostaria de citar alguns pensamentos que possam nos mostrar um caminho para a satisfação.

A imagem que fazemos de coisas que são inconsistentes com a realidade também é usada pelas diferentes escolas psicológicas. Na psicologia de C.G. Jung, essas ideias estão ligadas a ilusões. Ele sempre vê as pessoas como estruturas polares, isto é, em nós há polos opostos:

amor e agressão, razão e sentimento, confiança e medo, fé e incredulidade, disciplina e indisciplina. Se nos apegamos à nossa imagem ideal, esconderemos o outro polo na sombra. De lá, ele exercerá um efeito destrutivo sobre nós. Viveremos constantemente no medo de que a sombra em nós seja desconfortável por nos revelar e envergonhar exteriormente. Portanto, um caminho importante para o contentamento interior é aceitar nossos lados obscuros com toda a humildade. Isso leva a uma serenidade interior. Se suprimirmos a sombra, temos a impressão de que estamos constantemente sentados num barril de pólvora que pode explodir um dia. Jung nos encoraja a nos reconciliar com nosso lado sombrio. São expressões quase religiosas que ele usa aqui. Assim, ele descreve as pessoas que se reconciliaram com suas desvantagens e com sua história de vida: "Vieram a si mesmos, puderam se aceitar, eles foram capazes de se reconciliar consigo mesmos e, portanto, também estiveram em circunstâncias adversas e se reconciliaram". Isso é quase o mesmo que costumava ser dito com as palavras: "Ele fez as pazes com Deus, ele sacrificou sua própria vontade submetendo-se à vontade de Deus".

A reconciliação consigo mesmo não se refere apenas à aceitação da própria sombra, mas também à aceitação da própria história de vida. Segundo Jung, não é de pouca importância a observação da infância e das lesões que sofremos nesse período. Pelo contrário, nosso trabalho é nos reconciliarmos com essa história concreta. Assim, as lesões podem se tornar uma chance de serem quebradas, para que cheguemos ao nosso verdadeiro eu. Ou, como Hildegard von Bingen diz: "As feridas podem ser transformadas em pérolas. Posso me pôr em contato com minhas verdadeiras habilidades. Então não brigo mais com a minha história de vida, fico em paz com ela. Olho com satisfação para a minha vida, como agora é, com tudo o que me fez quem eu sou agora".

A terapia comportamental cognitiva nos mostra outras maneiras de alcançar a satisfação. Nosso bem-estar depende de como nos relacionamos com as coisas, como avaliamos a nós mesmos e nossas experiências. Esses pensamentos são semelhantes aos de Epiteto. Estamos insatisfeitos com nós mesmos porque valorizamos nossas vidas de uma maneira muito específica. Nós nos avaliamos como fracassos, covardes, fracos, incompetentes, incapazes de nos relacionar. Então pensamos que somos assim. Avaliações erradas surgem de modo exagerado, negligenciando fatos importantes e seguindo crenças típicas como: "Eu devo ser amado por todos. Eu tenho que ser perfeito" (cf. JAEGGI, 1979: 34). É importante ser capaz de ver através de tais avaliações falsas e dizer adeus a elas. Assim podemos nos experimentar de maneira diferente e encontrar a paz interior.

Da mesma forma como nos julgamos mal, também fazemos um julgamento errado sobre as outras pessoas. Nós as vemos como superiores ou hostis a nós, como hipócritas, como rivais. Assim pensando, assim sentimos. A maneira como vivenciamos as pessoas depende das imagens internas que fazemos delas. Uma forma importante de terapia é, portanto, tornarmo-nos conscientes dessas imagens e substituí-las por imagens mais realistas.

Outra maneira – especialmente na psicologia profunda – é perguntar sobre as causas da nossa insatisfação. Muitas vezes são experiências dolorosas que tivemos quando crianças. Não nos sentíamos aceitos. Não tínhamos permissão de sermos nós mesmos. Talvez nossos pais nos tivessem levado a fazer sempre mais para ter mais sucesso. Não atendemos às expectativas dos nossos pais ou talvez até as rejeitemos. Todas essas experiências da primeira infância continuam a funcionar em nós. E são muitas vezes a causa de não estarmos satisfeitos com nós mesmos agora. No entanto, lembrar dessas experiências sozinhos não nos dá nenhuma satisfação. É reviver a dor, sentindo o ódio que surge em nós. Quando passamos pelos sentimentos negativos, de repente descobriremos outras emoções associadas a esses sentimentos. O amor se torna visível com base no nosso ódio. No fundo da dor, sentimos uma paz interior. Desta forma, é bom ter um companheiro terapêutico que possa olhar para todas essas experiências e trabalhá-las conosco. Assim, nossa autopercepção pode mudar lentamente e ficamos em paz com nós mesmos.

Roberto Assagioli, o fundador da psicossíntese, mostrou um caminho diferente para a paz interior. Ele escreve que, por um lado, a terapia trabalha a reconciliação com a vida. Mas há outro caminho, o da desidentificação.

Ele conduz das experiências externas até o interior. Assagioli chama o interior do homem de "eu espiritual". O método de desidentificação funciona mais ou menos assim: olho para a raiva que surge em mim. Deixo-a como está, aceito-a. Daí eu vou para dentro, para o eu interior, observando essa raiva. Assagioli fala do observador não observado. Esse eu interior, observando a raiva, não está infectado pela raiva. Eu digo para mim mesmo: "Estou com problemas, mas não sou o meu problema. Estou tendo problemas, mas não sou o problema. Estou com medo, mas não sou o meu medo". Eu me distancio das emoções e dos problemas sem empurrá-los para fora. Eu ando longe deles. Lá, no "lar interior", como diz outro psicólogo transpessoal, James Bugental, estou em harmonia comigo mesmo e em harmonia com Deus. Lá, a insatisfação com os fatos externos da minha vida não pode me incomodar. Lá sinto uma profunda paz e liberdade interior.

Caminhos espirituais

A psicologia transpessoal, como aparece em Assagioli, abre o caminho psicológico para um caminho espiritual. Da minha experiência como orientador espiritual, gostaria de descrever alguns outros aspectos desse caminho que poderiam nos levar à satisfação.

Muitos estão insatisfeitos consigo mesmos por causa de sua educação religiosa. Eles têm a ideia de terem que ser perfeitos, de superarem todas as suas falhas. Outros têm a impressão de que permanecem sempre pecadores e carregam sentimento de culpa. Viver constantemente com uma consciência culpada nos rouba a paz interior. A causa dessa má consciência é muitas vezes uma piedade moralizante. Confundimos o homem piedoso com o homem moralmente perfeito e ficamos constantemente sob pressão para cumprir exigências morais. Muitas vezes, porém, essa pressão não é a vontade de Deus, mas nosso próprio superego. Achamos que Deus quer que sejamos perfeitos. Mas muitas vezes é a ambição do próprio superego de estar bem à frente dos outros.

Contra essa espiritualidade moralista e geralmente sobrecarregada, devemos nos estabelecer na espiritualidade que Jesus nos proclamou. Para Ele, a misericórdia é a atitude mais importante do cristão. Ele diz aos fariseus: "Ide e aprendei o que significam as palavras: 'Quero misericórdia, e não sacrifícios'" (Mt 9,13). Jesus usa uma fórmula para dizer aos fariseus: "Vá para casa, sente-se em sua mesa e aprenda a lição mais importante que Deus exige de nós. É sobre misericórdia, e não desempenho, não sacrifício". Quando tratamos com compaixão, encontramos paz interior. Então, estamos satisfeitos com nós mesmos, mesmo que cometamos um erro, porque não respondemos com censura, mas com misericórdia. Não respondemos com a mente julgadora, mas com o coração compassivo.

Uma das causas de nossa insatisfação está nas imagens que temos de nós mesmos. Muitos têm a autoimagem de que devem sempre ser perfeitos, bem-sucedidos, simpáticos, adaptados e bons. Ou têm imagens de autodegradação: "Não estou certo. Ninguém me suporta". Contra tais imagens de autoimposição e autodepreciação, devemos nos definir na imagem que Deus fez de nós. Todo ser humano é uma imagem única que Deus fez apenas para ele. Não podemos descrever esta imagem. Mas, se estamos em harmonia com nós mesmos, podemos confiar que estamos em contato com ela. A imagem que Deus fez de cada um de nós não é a de um homem mau, mas de um homem por quem Deus quer fazer algo do seu próprio ser, do seu amor neste mundo. Então é uma autoimagem positiva.

Essa autoimagem positiva fica clara no batismo. Deus nos diz: "Tu és o meu amado Filho, tu és a minha amada filha. Eu ponho meu favor em ti". É uma palavra de amor incondicional. Eu sou amado por Deus incondicionalmente. Não tenho que comprar seu amor com conquistas, com bom comportamento. O psicólogo pastoral católico Karl Frielingsdorf pensa que quando uma criança experimenta apenas um direito condicional de existir, se só é amada se tem bom desempenho, se é bem-sucedida e bem-comportada, desenvolve estratégias de sobrevivência. Faz mais e mais para ser notada. Nunca se atreve a dizer a própria opinião, diz o que os outros querem ouvir para que a amem. Tais pessoas nunca chegam à paz consigo mesmas, estão sob constante pressão para se provar. E nunca é suficiente o que fazem. Frielingsdorf chama isso de sobrevivência. Não é uma vida real. O amor incondicional de Deus é a condição para que possamos nos contentar com nós mesmos. Isso não significa que não nos trabalhemos, que não sigamos um caminho espiritual de mudança. Mas há um princípio de vida espiritual: só posso transformar o que aceito. Somente quando me aceito como sou, a transformação pode acontecer. O que eu rejeito me rejeita. Só muda quando eu tomo carinhosamente e humildemente.

E outro princípio espiritual que nos leva à paz interior: transformação em vez de mudança. Muitos estão insatisfeitos consigo mesmos. Dizem: "Não sou bom. Tenho que me tornar uma pessoa diferente. Tudo tem que ser diferente na minha vida". Se enfurecem contra si mesmos, mudando constantemente seus modos de vida, suas dietas, seus métodos psicológicos, para se tornarem pessoas totalmente diferentes. A transformação é mais suave. Ela diz: tudo em mim pode ser como é. Mas ainda não sou tudo que posso ser, ou o que a minha natureza pode alcançar. Entrego a Deus tudo o que está em mim. Não condeno, não reprimo nada. Entrego tudo a Deus na esperança de que o amor de Deus impregne e transforme tudo em mim.

O processo de transformação ultrapassa honestamente o que está dentro de mim e se relaciona com Deus. Eu entrego a Deus a minha realidade do jeito que é. Também entrego a Deus o que se forma em meus sonhos. Tudo é permitido. Não tenho que suprimir nada. Confio que o amor de Deus também penetra nas profundezas do meu inconsciente, iluminando tudo o que é sombrio dentro de mim e trazendo tudo que está errado através do seu amor na direção certa. É claro que também pode ser uma ajuda para o processo de transformação eu mudar as circunstâncias ou hábitos externos em que vivo. Eu mudo as condições da minha vida para que eu possa me transformar, para que eu me torne mais o que sou.

Uma razão pela qual muitas pessoas estão insatisfeitas é confundir a imagem que Deus faz delas com a imagem de sua própria ambição. Eles dizem que Deus lhes pediria para serem perfeitos. E eles frequentemente citam a palavra de Jesus, que devemos ser perfeitos como nosso Pai celestial (cf. Mt 5,48). Mas se você der uma olhada mais de perto na tradução, então você não tem que traduzir a palavra grega *"teleioi"* como "perfeito", "infalível" ou "pronto", mas como "completo". E a palavra grega *"esesthe"* não significa "você será perfeito", mas "você será completo, como é o seu Pai celestial". Portanto, não é uma exigência que nos subjuga, mas uma promessa que nos aguarda. Se, como Deus, brilharmos o sol da nossa benevolência sobre o bem e o mal em nós, e sobre o bem e o mal no mundo, então compartilhamos com Deus, somos completos como Deus. Assim a divisão interna cessa e a insatisfação de não sermos perfeitos será substituída pela atitude de benevolência em relação a tudo. Isso leva à paz interior.

Quando as pessoas me dizem que estão insatisfeitas consigo mesmas porque não são suficientemente religiosas, porque têm pouca disciplina, porque muitas vezes reagem com excesso de sensibilidade à crítica, eu sempre pergunto: "É essa a sua imagem? Essas são as ambições que você quer realizar? Ou é isso o que Deus quer de você? Deus quer que você esteja diante dos outros como uma pessoa espiritual? Ou isso é vontade sua?" No caminho espiritual, é importante que eu me torne mais desprendido e livre das imagens que coloquei sobre mim mesmo, e me pergunte o que Deus quer de mim. O que Deus confia a mim? Eu gostaria de estar sempre calmo para mostrar como a fé transforma uma pessoa e lhe dá paz interior. Mas talvez Deus queira que eu admita minha própria sensibilidade e, assim, testemunhe sua misericórdia neste mundo. Deus quer que eu seja sempre disciplinado e fiel aos meus rituais? Ou ele quer que eu me torne ciente de minhas próprias fraquezas e permaneça sempre em busca dele? Que eu me reconheça cada vez mais que sou dependente da misericórdia de Deus? Perfeito, nunca serei. Jamais alcançarei a imagem que fiz de mim mesmo. Mas é exatamente aí que Deus pode querer quebrar minhas próprias ideias sobre mim, a fim de me quebrar mais e mais pelo mistério de seu amor. Isso não significa que eu me resigne e não trabalhe em mim mesmo. Eu sinto vontade de trabalhar em mim mesmo. Mas não estou sob pressão. Eu sei que o processo de transformação envolve erros. Mas confio que me tornarei mais ou mais o que eu sou segundo Deus.

Muitos veem a vontade de Deus como algo que nunca poderão fazer. Ou veem algo estranho, arbitrário, opressivo. Mas Paulo escreve na Primeira Carta aos Tessalonicenses: "A vontade de Deus é esta: a vossa santificação" (1Ts 4,3). A santificação não significa sermos perfeitos, mas nos tornarmos inteiros, sermos nós mesmos. *"Hagios"*, isto é, "santo", é aquilo que é retirado do mundo, sobre o qual o mundo não tem poder. A vontade de Deus é que encontremos a nós mesmos, que não sejamos mais determinados pelo mundo e seus padrões, mas por Deus. Nós reconhecemos a vontade de Deus quando nos tornamos completamente imóveis e entramos em contato com o espaço interior do silêncio em nós. Então o que a nossa alma quer e o que Deus quer é idêntico. Assim, encontramos na vontade de Deus uma profunda paz interior. Não é algo estranho que nos assuste, é a garantia de Deus de que achamos nosso verdadeiro eu. E quando estamos em contato com o verdadeiro eu, estamos em paz com nós mesmos e ficamos satisfeitos. O exterior não pode mais nos tirar essa satisfação.

Mas não devo me pressionar com o ideal de satisfação. A constante alternação entre contentamento e insatisfação faz parte da minha vida. A insatisfação comigo mesmo me força a dizer adeus às imagens que fiz de mim mesmo e da vida espiritual, a deixar-me ser desmembrado repetidas vezes para o meu verdadeiro ser e para um Deus completamente diferente. Quando aceito a tensão entre a insatisfação e o contentamento, chego a uma paz real comigo mesmo, com as pessoas e com Deus. Só que isso nunca será uma paz plena, mas sempre desafiada. Estamos constantemente em perigo de tirar fotos de nós mesmos e de nossa vida espiritual que não nos fazem bem. Quando estamos insatisfeitos, é sempre um desafio perguntar a nós mesmos: Deus quer isso de mim ou sou eu que quero? É minha própria ambição que me leva até ao limite, de modo que eu ultrapasse esse limite para me render ao Deus ilimitado? A insatisfação comigo mesmo é o aguilhão que me leva a alcançar a verdadeira paz interior, a uma paz que só o próprio Deus pode dar. Não é meu ideal de homem contente e sereno que está sempre em seu meio, que está sempre em harmonia consigo mesmo. Não me apego às minhas próprias imagens, mas deixo que Deus me torne mais e mais aberto à imagem por trás de todas as imagens, para o meu verdadeiro eu, que brilha atrás de todas as autoimagens.

8
Satisfação com Deus

A mais alta forma de contentamento é a paz com Deus. Quando estamos em paz com Deus, também encontramos uma forma mais profunda de satisfação com nós mesmos e com nossas vidas. Para descrever a verdadeira paz com Deus, podemos começar a partir dos três significados de paz – manutenção (*"eirene"*), reconciliação (*"pax"*) e liberdade.

Paulo começa suas cartas sempre com o desejo "A graça e a paz da parte de Deus, nosso Pai, e do Senhor Jesus Cristo estejam convosco" (1Cor 1,3; cf. tb. Rm 1,7; 2Cor 1,2; Gl 1,3). Paz (*"eirene"*) vem de Deus. Ele, que está em sintonia consigo mesmo como o Deus Uno e Trino, nos deixa compartilhar de sua harmonia interior. O homem só vem a si quando o som de Deus também soa nele, quando Deus se torna um com ele. Em Efésios, desenvolve-se este tema chamando nossa própria paz a Cristo. "Ele é a nossa paz. Ele, que de dois povos (judeus e gregos) fez um só, derrubando o muro de separação, a inimizade, em sua própria carne" (Ef 2,14). Em cada um de nós há os judeus e os gregos, os piedosos e os gentios. Ambas as áreas são frequentemente separadas em nós e lutam entre si. Por sua morte, Cristo derrubou a parede divisória entre essas áreas. Agora eles podem estar em harmonia uns com os outros em nós. Efésios continua a desdobrar o mistério da paz: "Veio para anunciar a paz a vós, que estáveis longe, e também àqueles que estavam perto. Porque por Ele, nós, judeus e pagãos, temos acesso junto ao Pai num mesmo Espírito" (Ef 2,17s.). Cristo uniu os diferentes tons em nós. Ele trouxe a distância e a proximidade para junto de nós. Tudo em nós agora tem acesso a Deus, tudo se tornou aberto a ele, para que ele possa penetrar em tudo o que está em nós. Isso nos permite olhar para tudo em nós e deixar que tudo dentro de nós seja permeado pelo amor de Deus.

O outro aspecto da paz é a reconciliação. Este aspecto se desdobra com Paulo, especialmente na segunda carta aos Coríntios: "Pois era Deus que em Cristo reconciliava o mundo consigo, já não levando em conta os pecados das pessoas e pondo em nossos lábios a mensagem da reconciliação" (2Cor 5,19s.). Reconciliação cria companheirismo. A comunhão entre Deus e o homem foi perturbada pelo pecado.

A palavra alemã *"Sünde"* ["pecado"] vem de *"sondern"* ["porém", "contrariamente", "fora"]: o pecado nos separou [*"abgesondert"*] de Deus. Podemos interpretar isso psicologicamente: qualquer um que tenha uma má consciência se sente isolado de outras pessoas. Ele se isola, e quem tem má consciência diante de Deus, fecha-se diante dele, porque não quer mostrar a Deus sua consciência culpada. Deus mesmo toma a iniciativa. Na cruz ele mostrou às pessoas que sua culpa é perdoada. Essa experiência remove a má consciência do homem e permite que ele se aproxime de Deus e aceite com gratidão a proximidade de Deus. Deus estava sempre aberto ao homem, mas o homem se fechou a Deus por meio do pecado. O perdão destranca esse portão, de modo que o homem mais uma vez se atreve a mostrar-se a Deus e a confiar que é amado por Deus, apesar de sua culpa. Essa reconciliação com Deus também reconcilia o homem com ele mesmo, que não se reprova por seus erros. Ele se sente amado incondicionalmente por Deus. Então, também pode ficar em paz consigo mesmo.

O terceiro aspecto da paz com Deus é a liberdade. Paulo enfatizou este aspecto acima de tudo em Gálatas: "Foi para a liberdade que Cristo nos libertou! Ficai, portanto, firmes e não vos curveis de novo ao jugo da escravidão" (Gl 5,1). Uma razão para nossa insatisfação é a escravidão interior das nossas ideias de nós mesmos e da vida espiritual e as leis internas que frequentemente impomos a nós mesmos. Acreditamos que só podemos agradar a Deus quando realizamos certas orações, aprendemos certas habilidades e seguimos um caminho espiritual claro. Hoje, as leis internas que nos escravizam também se expressam na vida física: temos que correr tantos quilômetros todo dia. Só podemos comer isso ou aquilo para nos mantermos saudáveis. Temos que seguir um exercício de atenção todo o dia para viver conscientemente. Hoje, nossas vidas são moldadas por muitas autoimposições ou pelas imposições da mídia. Cristo nos libertou da escravidão de todas essas leis. Se o Espírito de Jesus está em nós, então somos verdadeiramente livres. Assim é dito na Segunda Carta aos Coríntios: "O Senhor é o Espírito, e onde está o Espírito do Senhor há liberdade" (2Cor 3,17).

O que Paulo escreveu em Gálatas, o monge trapista Thomas Merton enfatizou repetidas vezes em seus livros e discursos. Thomas Merton observa a vida no mosteiro, conhece muitos confrades que pensam que um bom trapista é aquele que cumpre exatamente todos os regulamentos, o que nem sempre levam à liberdade interior, mas intensifica as neuroses que um ou outro trouxe para o mosteiro. Merton enfatiza repetidamente a liberdade interior, à qual a contemplação deveria nos conduzir. Ele fala do renascimento da vida como de uma nova pessoa, uma "vida ressuscitada no mistério de Cristo e o reino de Deus" (MERTON, 1992: 115).

Merton assim define a vocação do monge: "Nascer de novo para uma identidade holística e nova, um modo de existência cuja fertilidade, devida à sua profundidade e natureza fundamental e suas características, sabedoria, criatividade e amor, leva à paz" (MERTON, 1992: 117). Quem quer que tenha encontrado essa nova identidade se sente interiormente livre, supera o caminho espiritual que Merton observa em muitos cristãos, o caminho da adaptação à sociedade, isto é, ser piedoso para satisfazer as exigências da vida, mas se adaptando ao mundo com as suas expectativas, ao invés de buscar a liberdade interior na contemplação. O homem, experimentando o renascimento interior por meio da contemplação, torna-se capaz de "experimentar as alegrias e tristezas dos outros como suas, mas sem ser governado por elas, ganhando assim uma profunda liberdade interior – a liberdade da mente, da qual nos fala o Novo Testamento" (MERTON, 1992: 123).

Quem alcança essa liberdade interior também vive ao mesmo tempo uma vida de inteireza. Integra-se em todas as formas de vida: "A vida comum do homem, a vida do espírito, a criatividade do artista, a experiência do amor humano, a vida religiosa. Ele rompe as barreiras dessas formas de vida, preservando o melhor e mais completo para, eventualmente, ajudar uma abrangente autodescoberta holística" (MERTON, 1992: 124). Essa pessoa também deixa as limitações culturais para trás. Ele é, diz Merton, no sentido mais verdadeiro da palavra "católico": ele une tudo o que percebe como verdade interior no mundo e nas várias religiões. Este também é o objetivo da vida monástica para Merton: "O ideal monástico é precisamente este tipo de liberdade espiritual, que é a libertação das restrições do que permanece fragmentado dentro de uma cultura tradicional. A vida monástica é destinada a uma ampla universalidade do observador, que vê todas as coisas à luz de uma verdade, como São Bento, que viu toda a criação num único raio de sol" (MERTON, 1992: 125).

Liberdade e paz, liberdade e inteireza, integração de todos os opostos, para Merton esse é o objetivo final da contemplação. Ele se defende do típico axioma americano de que tudo tem que resultar em alguma coisa. Nos Estados Unidos, ele percebe que também se pretende praticar a contemplação. O gerente deve praticar a contemplação para poder fazer mais. Mas não é esse o ponto, e sim a liberdade interior que supera todas as restrições de adaptação e desânimo. Assim, Merton vê como tarefa real do monge "testemunhar com credibilidade, perante o homem moderno, que Deus é a fonte e garantia de nossa liberdade, não um poder pairando sobre nossas cabeças que restringe a liberdade" (MERTON, 1992: 187). O objetivo do encontro com Deus é a "descoberta da nossa mais profunda liberdade". "Se nunca nos encontrarmos com Ele, nossa liberdade nunca se desenvolverá plenamente" (MERTON, 1992: 187).

A liberdade interior à qual a contemplação nos leva é a condição da verdadeira paz interior. Quem encontrou essa liberdade interior tem paz, e não mais depende do que os outros pensam dele ou como o tratam. Aí Thomas Merton entra em descrições do homem, semelhantes às que encontramos nos escritos do filósofo estoico Epiteto. A liberdade e a paz, então, pertencem essencialmente uma à outra. Essa liberdade interior é a condição para a satisfação verdadeira. Aquele que está livre da opinião dos outros, dos padrões do mundo, como sucesso e reconhecimento, afirmação e fama, pode voltar-se satisfeito para o momento presente, encontrar em si mesmo a verdadeira paz interior, porque Deus reina nele e ele não é mais governado por suas próprias necessidades ou pelas expectativas do povo.

9
Satisfação verdadeira

Observamos alguns aspectos da satisfação e percebemos que não podemos olhar para a satisfação isoladamente. Se pensarmos numa atitude, ela nos leva a muitas outras conversas que fazem parte de uma vida bem-sucedida, de gratidão, liberdade, independência, frugalidade, simplicidade e clareza. O que importa é que não vemos essas atitudes como exigências que temos de cumprir. Pelo contrário, são atitudes que nos mantêm livres, são criadas em nós. Ao parar, descobrimos essas atitudes dentro de nós mesmos e somos gratos quando as vemos como um caminho para uma vida plena e satisfeita.

Mas não apenas reconhecemos em nós as atitudes que nos dão apoio. Também sempre descobrimos em nós mesmos a tendência de viver contra essas atitudes ou de esquecê-las. Portanto, a atitude de contentamento não é algo que chega e fica imóvel na nossa vida, como um pilar de concreto. Pelo contrário, é como uma árvore profundamente enraizada em nossa alma. Mas a árvore também balança para frente e para trás no vento.

Às vezes, é curva-se sob uma tempestade, mas sempre volta à posição normal. Os monges adoraram a imagem da árvore. Eles dizem que as tentações são como uma tempestade que força nossa árvore a cavar suas raízes mais profundamente na terra. Assim, a satisfação interior é constantemente questionada pelas tempestades da vida. Tem que se provar no meio do fracasso, que nos pertence tanto quanto o sucesso.

Jesus não nos promete plena satisfação. Em vez disso, Ele nos encoraja a permanecer firmes: "Pela vossa perseverança salvareis vossas vidas" (Lc 21,19). Ou, traduzindo literalmente do grego: "A persistência [*hypomone*] salvará vossas almas". Se pausamos, mesmo quando aflitos, encontramos a paz interior no meio da turbulência da vida. Então permanecemos completamente nós mesmos, em harmonia com o nosso verdadeiro eu.

Outra palavra de Jesus afirma este caminho para a paz por meio de todas as tribulações. Na última ceia com seus discípulos, Jesus disse a eles – e também a nós: "Disse-vos estas coisas para que tenhais paz em mim. No mundo tereis aflições. Mas tende coragem! Eu venci o mundo!" (Jo 16,33). A verdadeira paz que encontramos quando conquistamos o mundo com Jesus, quando não nos definimos mais pelo mundo, mas por Deus. Assim, a satisfação é mais do que um traço de caráter. É, em última análise, o resultado de um caminho espiritual no qual me encontro interiormente, liberto dos padrões do mundo, e o espaço interior de paz dentro de mim já está no fundo da minha alma. Quando estou em contato com esse espaço de paz e silêncio interior estou verdadeiramente contente.

Referências

EPITETO (1966). *Epiktet Handbüchlein der Moral und Unterredungen*. Stuttgart [org.: H. Schmidt].

GODEFRIED, H. (1926). *Ein Büchlein vor der Zufriedenheit*. Regensburg, 1926.

GRONEMEYER, R. (1998). *Die neue Lust an der Askese*. Berlim.

JAEGGI, E. (1979). *Kognitive Verhaltenstherapie* – Kritik und Neubestimmung eines aktuellen Konzepts. Weinheim.

MARCUSE, H. (1967). *Der eindimensionale Mensch*. Neuwied/Berlim [trad. bras.: O homem unidimensional. Rio de Janeiro: Zahar].

MERTON, T. (1992). *Im Einklang mit sich und der Welt*. Zurique.

SCHENK, H. (1997). *Vom einfachen Leben* – Glückssuche zwischen Überfluss und Askese. Munique.

STEINDL-RAST, D. (2014). *Einfach leben – dankbar leben* – 365 Inspirationen. Freiburg im Breisgau.

Conecte-se conosco:

f facebook.com/editoravozes

◉ @editoravozes

X @editora_vozes

▶ youtube.com/editoravozes

◉ +55 24 2233-9033

www.vozes.com.br

Conheça nossas lojas:

www.livrariavozes.com.br

Belo Horizonte – Brasília – Campinas – Cuiabá – Curitiba
Fortaleza – Juiz de Fora – Petrópolis – Recife – São Paulo

EDITORA VOZES LTDA.
Rua Frei Luís, 100 – Centro – Cep 25689-900 – Petrópolis, RJ
Tel.: (24) 2233-9000 – E-mail: vendas@vozes.com.br